HENRYK SIENKIEWICZ
Auteur de "QUO VADIS?"

BARTEK LE VICTORIEUX

20 Centimes
A. L. GUYOT, Éditeur
12, Rue Paul Lelong, Paris
Algérie, Colonies, Étranger, 25 Cent.

HENRYK SIENKIEWICZ

BARTEK LE VICTORIEUX

Traduction Pierre LUGUET

PARIS

A.-L. GUYOT, ÉDITEUR

12, rue Paul-Lelong

A NOS LECTEURS

La littérature russe arrive à une période de progrès et de lumière qui rappelle le grand essor des Lettres françaises, lorsque naquirent Rabelais, Malherbe, Marot, et plus tard Molière, Bossuet, Corneille, Voltaire...

La collection Guyot se devait, et devait à ses lecteurs, de noter ce progrès, de le faire apprécier et d'en garder trace. C'est pourquoi elle offrait récemment, à sa fidèle clientèle, un extrait des œuvres du grand Pouchkine, dont la célébrité en Russie est égale à celle de La Fontaine en France; c'est pourquoi elle édite aujourd'hui deux volumes d'Henryk Sienkiéwicz, l'auteur admirable du Quo Vadis; et c'est pourquoi elle poursuivra prochainement cette tentative en recherchant d'autres chefs-d'œuvre russes.

En ce qui concerne l'œuvre qui affronte aujourd'hui le jugement public, nous sommes certains de lui voir obtenir la faveur générale. Elle fait connaître, en effet, un aspect inattendu du talent de Sienkiéwicz. Ces nouvelles sont tantôt dramatiques, tantôt sentimentales, et même, ce qui est bien fait pour surprendre, parfois comiques. Nous les livrons avec confiance à l'appréciation éclairée de nos lecteurs, et, nous applaudissant de leur empressement déjà constaté à nous suivre dans cette voie, nous ferons de nouveaux efforts pour les tenir au courant des progrès de la littérature russe, qui naît pour le monde après n'avoir eu longtemps qu'un retentissement local.

L'Editeur,
A.-L. GUYOT.

Le Traducteur,
Pierre LUGUET.

BARTEK LE VICTORIEUX

I

Mon héros était Bartek Slovik (1), mais comme il avait l'habitude de regarder fixement les gens qui lui parlaient, ses voisins l'appelaient Bartek le Fixeur. En vérité, il n'avait que peu de chose de commun avec un rossignol ; tout au contraire, ses qualités mentales et sa simplicité réellement homérique lui auraient valu le surnom de Bartek le Stupide. Et c'est en effet sous ce nom qu'il était le plus populaire, et c'est celui-là qui passera sans doute à la postérité, bien que Bartek eût un quatrième et officiel nom. Et comme les mots polonais « Chlovyck » (2) et « Slovik » ne présentent pas de différences pour les oreilles des Allemands, comme d'autre part les Allemands aiment à traduire dans leur langage, qu'ils croient civilisé, ce qu'ils trouvent de barbare dans le langage des

---

(1) Slovik signifie en polonais : « *Rossignol* ».
(2) *Chlovyck* signifie « homme » en polonais.

autres, la conversation suivante eut lieu quand on confectionna les listes de conscription pour l'armée :

— Comment t'appelles-tu ? demanda l'officier à Bartek.

— Slovik.

— Shloik ! Ach ! ya ! gut !

Et l'officier écrivit « Mensch », qui signifie *homme*, en allemand.

Bartek venait du village de Pognembin ; il existe beaucoup de villages de ce nom dans la principauté de Poznan, et dans d'autres contrées de l'ancienne République. En dehors de sa terre et de sa ferme, il possédait deux vaches, un cheval pie, et une femme qui s'appelait Magda. Grâce à un tel concours de circonstances, Bartek se trouvait heureux de vivre avec ce que le Ciel lui avait donné, et il aurait continué à s'en estimer heureux si un jour le ciel ne lui avait donné : la guerre. Une note lui arriva, qui lui ordonnait de rejoindre le régiment ; il devait quitter la ferme et le pays, et tout laisser aux soins de sa femme. Les gens de Pognembin étaient en général assez pauvres. Bartek travaillait au moulin en hiver, et cela aidait à faire aller la maison, mais quoi, maintenant ? Qui sait quand finirait la guerre avec les Français ?

Quand Magda lut l'ordre d'appel, elle entra dans une fureur épouvantable :

— Qu'ils soient maudits !... Qu'ils soient maudits ! criait-elle. Tu es stupide, Bartek, mais je suis triste pour toi. Les Français ne te laisseront pas revenir ; ils te couperont la tête, ou quelque membre.

Bartek embrassa sa femme, son fils Franek qui était âgé de dix ans, puis il cracha, fit le signe de la croix et sortit de la maisonnette, Magda derrière lui. Il se quittèrent sans grandes démonstrations. La femme et l'enfant pleuraient. Bartek répétait :

— Allons ! reste tranquille ! Allons ! reste tranquille !

Et ils se trouvèrent sur la route. Alors, ils virent que tout Pognembin avait reçu la même visite. Le village entier était dehors ; le chemin était couvert d'hommes appelés par la guerre. Ils se rendaient à la station du chemin de fer, et les femmes, les enfants, les vieillards et les chiens les accompagnaient. Presque tous avaient le cœur lourd ; les pipes pendaient le long des bouches des plus jeunes ; d'autres étaient déjà ivres, et d'autres encore chantaient d'une voix rauque.

Quelques Allemands aussi, de la colonie de Pognembin, chantaient de peur la « Wacht am Rhein ». Toute cette foule, mêlée et multicolore, au milieu de laquelle brillaient les baïonnettes de la police, se poussait en avant le long des haies avec des cris, des rumeurs et la plus entière confusion. Les femmes serraient leurs soldats par le col, et pleuraient ; une vieille sorcière, qui n'avait plus qu'une dent jaune, montrait le poing à quelque chose dans l'espace ; une autre poussait des malédictions :

— Que Dieu vous fasse payer nos pleurs !

Des cris s'entendaient :

— Franek ! Kazek ! Jozek ! Au revoir !

Les chiens aboyaient. Les cloches des églises sonnaient. Les prêtres lisaient chez eux les prières des agonisants, persuadés qu'aucun de ceux qui s'en allaient à présent à la station ne reviendrait. La guerre les prenait, mais la guerre ne les rendrait pas. Les charrues se rouilleraient dans les sillons, car Pognembin avait déclaré la guerre à la France. Pognembin refusait de reconnaître la prépondérance de Napoléon III, et prenait à cœur la cause de la succession d'Espagne. Le son des cloches conduisait la foule, qui déjà dépassait les haies.

Mais les figures passent; les bonnets et les casques s'enlèvent. Une poussière dorée monte de la route, car la journée est sèche et ensoleillée. Des deux côtés du chemin le grain mûr penche ses têtes lourdes et ploie sous la brise légère qui souffle par bouffées douces. Dans le ciel bleu les alouettes volent et chantent comme si elles étaient devenues folles.

La station! La masse du peuple est encore plus épaisse. On y voit tous les hommes appelés de Haut Kryvda, Bas Kryvda, Vylaschine, Nyedolya, Mizerov. Mouvement, bruit, désordre! Les murs de la gare sont couverts de proclamations. C'est la guerre « Au nom de Dieu et de la Patrie ». La landwehr restera pour protéger le pays natal, les femmes, les enfants, les fermes et les champs. Les Français, c'est clair, professent une haine spéciale contre Pognembin et les autres villages dont les hommes sont ici asssemblés. De nouvelles bandes arrivent à chaque instant devant la station. Dans le hall intérieur, la fumée des pipes emplit l'atmosphère et cache les proclamations. Dans la clameur générale il est difficile aux gens de se comprendre les uns les autres ; tout remue, crie, hurle. Sur les quais on entend des commandements allemands, durs et brefs.

Mais voici une cloche, un sifflet. Du lointain vient la respiration puissante d'une machine... puis elle s'approche, plus nette. Il semble que ce soit la guerre elle-même qui s'avance.

Un second coup de cloche. Un frisson passe dans les poitrines. Une femme commence à pousser des cris aigus.

— Yadom ! Yadom !

Elle appelle son mari : Adam.

Mais d'autres couvrent sa voix :

— Yadan ! Yadan ! (Ils viennent !)

D'autres cris, encore plus perçants :

— Frantsuzy yadan ! (Les Français viennent).

Et en un clin d'œil une panique saisit non seulement les femmes, mais encore les futurs héros de Sedan.

La foule est excessivement agitée.

Cependant le train s'est arrêté devant la station. A toutes les fenêtres on voit des uniformes, des bonnets à bande rouge. Les soldats sont en apparence aussi nombreux que des fourmis. Ils ont évidemment reçu l'ordre de chanter, car c'est un véritable tonnerre de voix puissantes qui ébranle le convoi tout entier.

Sur les quais on forme les recrues ; celles qui en ont la chance échangent un dernier adieu.

— Et maintenant, Magda, au revoir.

— Oh ! mon pauvre mari !

— Tu ne me reverras plus !

— Je ne te reverrai plus !

— Mais il n'y a rien à faire à cela.

— Que la mère de Dieu te garde et te sauve !

— Adieu ! Garde la ferme !

La femme l'avait pris par le cou, en pleurant.

— Adieu !

Le dernier moment est arrivé. Les plaintes, les cris, les pleurs des femmes couvrent pendant quelques instants tous les autres bruits. « Adieu ! Adieu ! » Mais à présent les soldats ont été séparés de la foule ; ils sont formés en une immense masse sombre qu'on divise en carrés, en rectangles, et qui bientôt va se mouvoir avec la régularité et la précision d'une machine. Le commandement arrive : « En Avant ! » ; les carrés et les rectangles se brisent par le centre, se rendent vers les wagons par lignes étroites, et y disparaissent. Les machines sifflent et lancent de puissants jets de vapeur. Elles pantèlent comme des dragons et halètent sous l'effort. La lamentation des femmes atteint son plus haut degré. Les unes ont couvert leurs yeux de leurs tabliers ; les autres tendent les bras vers le train en marche. Toutes répètent avec des sanglots les noms de leurs maris ou de leurs fils :

— Adieu ! Bartek, crie Magda. Ne va pas où on

ne t'enverra pas! Que la Mère de Dieu... Adieu!..
Que Dieu vous aide!

— Prends soin de la ferme! répond Bartek.

— Souviens-toi que tu as une femme et un enfant! crie encore Magda, en courant après le train.

— Adieu!

La vitesse augmente, et le convoi disparaît bientôt, emportant les guerriers de Pognembin, des deux Kryvdas, de Nyedolya et de Mizerov.

II

D'une part, Magda retourne à Pognembin avec un groupe de femmes en larmes; de l'autre, un train vole vers la distance bleue, luisant de baïonnettes, et dans lequel se trouve Bartek. Pognembin n'est presque plus visible. On ne distingue dans l'éloignement que des peupliers gris, les tours de l'église qui brillent comme de l'or, et sur lesquelles le soleil joue. Bientôt les peupliers auront disparu, et bientôt la croix de l'église ne luira plus que comme un point.

Tant que ce point fut visible, Bartek le contempla; mais quand il disparut à son tour, la tristesse du géant devint incommensurable. Une grande faiblesse le saisit, et il se sentit perdu. Il regarda son caporal. Qu'allait-il lui arriver maintenant? Peut-être le caporal pourrait-il répondre à cette question? Pour Bartek lui-même, il ne sait rien; il ne comprend rien. Le caporal est assis sur la banquette; il tient son fusil dans ses jambes et fume sa pipe. La fumée, par petits nuages, couvre d'instant en instant sa face sérieuse et anxieuse. Il n'y a pas que les yeux de Bartek, qui surveillent cette face; tous les yeux sont fixés sur elle de chaque coin du wagon. A Pognembin et à Kryvda, chaque Bartek est son maître; chacun peut penser pour soi-même, mais c'est maintenant le caporal qui a cette charge pour les autres. S'il leur commande de regarder à droite, il faudra regarder à droite, et s'il leur commande de regarder à gauche, il faudra regarder à gauche. Chacun lui demande dans un coup d'œil : « Eh! bien, que va-t-on faire de nous? ». Mais il n'en sait pas plus long que ses hommes, et serait très heureux lui-même si quelque supérieur voulait bien lui donner à ce sujet quelque ordre ou quelque explication.

D'autre part, les hommes ont une peur vague de parler, car en temps de guerre, alors que les cours martiales fonctionnent, ce qui est permis et ce qui n'est pas permis demeure vague, au moins pour ces malheureux, et ils craignent, par la moindre question, de se mettre entre les griffes du « Kriegsgericht » (conseil de guerre).

En même temps ils sentent que ce caporal leur est plus nécessaire à présent qu'au temps des manœuvres près de Poznan, car lui seul sait tout, lui seul pense pour les autres, et, hors de lui, pas de salut. Cependant, le fusil du caporal doit lui paraître lourd, car il le donne à tenir à Bartek. Bartek prend l'arme en hâte, retient sa respiration, contemple le caporal comme un arc-en-ciel ; mais il n'en éprouve qu'un mince soulagement.

Oh ! il doit y avoir de mauvaises nouvelles, car le caporal a l'air d'un condamné à mort. Aux stations, on chante et on crie ; le caporal commande, hâte, bouscule son monde, afin de se faire remarquer de ses supérieurs, mais quand le train marche, tout redevient immobile. Pour lui aussi, en ce moment, le monde a deux faces... l'une claire, compréhensible, celle où se trouvent la ferme, la femme, et le lit de plume... et une autre sombre, très sombre, celle où se trouvent la France et la guerre. Son ardeur, comme l'ardeur de toute l'armée, serait heureuse d'emprunter la démarche du crabe.

Cependant le train ronflait, mugissait et volait vers le lointain. A chaque station de nouveaux wagons et de nouvelles machines étaient attelés. A chaque gare on voyait des casques, des canons, des chevaux, des baïonnettes d'infanterie et les les guidons des uhlans. Une soirée claire tomba graduellement. Le soleil perdit ses rayons dans un crépuscule de pourpre, et dans le haut du ciel de petits nuages roses continuèrent à courir légèrement. Le train cessa enfin de recruter des wagons et du monde, et il s'élança vers l'horizon rouge comme vers un Océan de sang. Du wagon ouvert où Bartek était assis avec les hommes de Pognembin, on voyait passer des villages, des fermes, des villes, des tours de cathédrales, des nids de cigognes où les grands oiseaux se tenaient sur une patte, la tête curieusement penchée, des maisons de campagne isolées, des jardins de cerisiers... tout cela luisait en passant et tout cela était rouge. Les soldats commencèrent à murmurer de l'un à l'autre, et d'autant plus audacieusement que le caporal, ayant mis son casque sous sa tête, s'était endormi, sa pipe de porcelaine entre les dents.

Voitek Grizdala, un homme de Pognembin et voisin de Bartek, le poussa du coude :

— Ecoute, Bartek !

Bartek tourna la tête et le fixa de ses yeux anxieux.

— Pourquoi me regardes-tu comme un veau qu'on va égorger ?

— Oi ! Oi ! grogna Bartek.

— Tu as peur ?

— Et pourquoi n'aurais-je pas peur ?

Le crépuscule flambait plus fort. Voitek étendit la main vers le ciel et murmura :

— Tu vois, tout ce rouge ? C'est du sang. Ceci, de ce côté, c'est notre pays, la Pologne. Et de l'autre côté, là-bas, c'est la France.

— Est-ce que nous y serons bientôt ?

— Tu es pressé ? On dit que c'est terriblement loin. Mais ne crains rien ; les Français viendront au-devant de nous.

Bartek travaillait péniblement de sa grosse tête ;
il dit enfin :

— Voitek ?

— Quoi ?

— Quelles sortes de gens sont ces Français ?

Ici l'érudition de Voitek se vit devant un abîme
à peu près insondable. Il savait que les Français
étaient des Français, mais c'était à peu près tout.
Il en avait vaguement entendu parler par les anciens, qui disaient qu'ils étaient vainqueurs partout ; il savait encore que c'était un peuple très
différent du peuple polonais ; mais comment ex-
pliquer tout ceci à Bartek ?

— Quelle sorte de gens c'est ?

— Oui.

Trois nations étaient connues de Voitek : au
milieu les Polonais, d'un côté les Moscovites, et
de l'autre les Allemands — mais diverses qualités
d'Allemands. Préférant être clair plutôt qu'exact,
il dit :

— Quelle sorte de gens sont les Français ? Comment pourrais-je te le faire comprendre ? Ils sont
pareils aux Allemands, et peut-être pires...

Et Bartek répondit :

— Oh ! les canailles !

Jusque-là, Bartek n'avait éprouvé pour les Français qu'un seul sentiment, une peur sans mélange ;
et maintenant qu'il les croyait de la même race
que les Allemands, quelque chose de patriotique
se mêlait à sa frayeur.

Cependant il y avait dans les réponses de Voitek quelque chose qu'il ne comprenait pas bien encore, et c'est pourquoi il demanda :

— Mais pourquoi ces Allemands se battent-ils avec des Allemands ?

Ici Voitek, comme un second Socrate, détermina de procéder par la méthode des comparaisons, et répondit :

— Est-ce que ton fils ne se bat pas quelquefois avec le mien ?

Bartek ouvrit la bouche et regarda fixement son interlocuteur.

— C'est vrai ! dit-il.

— En outre, continua Voitek, les Autrichiens aussi sont des Allemands. Est-ce que cela a empêché notre peuple de se battre avec eux ? Le vieux Schverch disait que quand il était à la guerre, Steinmetz criait : « En avant, enfants, contre les Allemands ! » Mais avec les Français, ce ne sera pas aussi facile.

— Oh ! pour l'amour de Dieu !

— Les Français n'ont jamais perdu une guerre. Ceux qu'ils attrappent ne s'échappent jamais, ne crains rien. Chacun d'eux en vaut deux ou trois des nôtres, et ils ont des barbes comme les Juifs. Il y en a qui sont aussi noirs que le diable. Quand tu les verras, recommande ton âme à Dieu.

— Mais alors, pourquoi courons-nous vers eux? demanda Bartek, au désespoir.

Cette question philosophique n'était pas aussi stupide qu'elle le semblait à Voitek, qui, sous l'influence d'une inspiration hâtive, répondit :

— Ils ont une haine terrible contre nous. On dit qu'ils sont aussi affamés de ce pays parce qu'ils veulent faire sortir en contrebande toute l'eau-de-vie du royaume, et que le Gouvernement ne veut pas les laisser faire. Et c'est la cause de la guerre. Tu comprends ?

— Pourquoi ne comprendrais-je pas ? dit Bartek avec résignation.

Voitek continua :

— Avec cela, ils sont aussi avides de femmes que les chiens le sont de fromage.

— Alors, ils me prendraient Magda !

— Ils prendront toutes les femmes qu'ils pourront trouver, même les vieilles.

— Oh ! fit Bartek, du ton dont il aurait dit : « S'il en est ainsi, je me battrai ! »

Et de fait, il lui semblait que c'était trop. Qu'ils emportassent toute l'eau-de-vie, s'ils voulaient, mais qu'ils ne touchassent pas à Magda ! Maintenant Bartek envisageait la guerre à travers son intérêt particulier, et il sentait une certaine consolation à constater que tant de canons et tant de troupes s'avançaient pour la défense de Magda, menacée de la séduction des Français. Ses poings se serraient involontairement, et la peur de l'ennemi se mélangeait à la haine. Il en arriva peu à peu à la conviction que la guerre était nécessaire, et qu'il lui était nécessaire d'y aller.

Pendant ce temps, les dernières lueurs du crépuscule avaient disparu. Il faisait noir. Le wagon, roulant sur une voie courbé, penchait, et les cas-

ques et les baïonnettes hochaient à droite et à gauche.

Une heure se passa, puis une seconde. De la
machine s'élevaient des millions d'étincelles, qui
fourmillaient dans les ténèbres comme des flocons
d'or ou comme de petits serpents. Bartek ne put
s'endormir pendant longtemps. Comme ces étincelles entrecroisées dans l'air, ainsi tourbillon-
naient ses pensées, mêlant la guerre, Magda, Pognembin, les Allemands et les Français, qui étaient
aussi des Allemands. Il lui semblait que sa volonté
n'aurait pas suffi à le soulever du banc sur lequel
il était assis. Il s'endormit enfin, mais d'un péni-
ble demi-sommeil. Immédiatement des visions vo-
lèrent vers lui ; il vit d'abord son fils se battre avec
le fils de Voitek. Il avait saisi son bâton pour les
séparer, mais tout-à-coup quelque chose de nouveau se produisit : un Français s'était assis aux
côtés de Magda, un Français aussi noir que l'enfer ; et il montrait ses dents ; et elle riait. D'autres
Français se moquaient de Bartek et le montraient
du doigt. Ils criaient : « Magda ! Magda ! Magda !»
Bartek hurlait :

— Fermez vos groins, bandits ! Laissez cette
femme tranquille !

Mais les Français continuaient à crier : «Magda !
Magda ! Magda ! » Les deux enfants aboyaient en
se battant ; tout Pognembin criait : « Ne laissez
pas emmener la femme ! Bartek est-il attaché ? »
Il lutte, bouscule, ses entraves se brisent. Bartek
saisit un Français par la tête, et tout-à-coup...

Tout-à-coup, Bartek ressent une violente douleur, comme s'il venait de recevoir un coup puissant. Il s'éveille et saute sur ses pieds. Tout le monde se demande ce qui est arrivé. Mais le pauvre Bartek a saisi le caporal par la barbe. Et maintenant, il se tient droit comme un poteau, deux doigts sur sa tempe, et le gradé se frotte les mains, criant comme un fou :

— Ach ! Sie ! Dummes Vieh aus der Polakei ! Han'ich den Lümmel in die Fresse, das ihm die Zähne sektionenweise aus dem Maule herausfliegen werden ! (Stupide animal de Pologne ! Je ferai battre le groin de ce porc, jusqu'à ce que les dents en sortent par morceaux).

Le caporal est vert de rage, mais Bartek reste immobile comme une pierre, deux doigts toujours collés à la tempe. Les soldats se mordent les lèvres pour ne pas rire ; mais ils ont peur, aussi, car des lèvres du caporal partent les dernières flèches :

— Bœuf polonais ! Taureau de Podolie !

Enfin tout se calme. Bartek se rassied à son ancienne place ; il sent que ses joues lui cuisent ; la machine continue à cracher sa vapeur ; Bartek entend :

— Magda ! Magda ! Magda !

Il se sent aussi infiniment triste.

III

C'est le matin. Une lumière pâle se diffuse sur des faces tirées par le manque de repos. Les soldats dorment sur les bancs, en désordre, les uns avec la tête sur la poitrine, les autres avec la tête en arrière et la bouche ouverte. Le jour arrive et emplit le monde entier d'une lueur rose. L'atmosphère est fraîche et agréable. Les hommes s'éveillent. La contrée qui sort de l'ombre leur est totalement inconnue. Où est maintenant Pognembin? Où sont les deux Kryvda? Où Mizerov? Tout est étrange, ici, et tout est différent. Les parties élevées du pays sont couvertes de chênes; dans les vallées les maisons sont surmontées de toits rouges; elles sont belles comme des palais, et des treilles de vigne y grimpent. Çà et là se voient des églises avec des clochers pointus; çà et là des cheminées hautes avec des panaches de fumée rose. Mais, en quelque sorte, tout est rassemblé; on ne voit presque pas de champs de blé. Les habitants sont nombreux comme des fourmis; les villages et les villes passent comme des éclairs. Le train, sans s'arrêter, brûle quelques petites stations. Quelque chose doit être arrivé, car partout des foules sont assemblées. Le soleil monte lentement de derrière les collines; en conséquence, nos Polonais commencent à dire à haute voix leur prière. Les premiers rayons de l'astre tombent sur les faces sérieuses de tous ces hommes.

Cependant, le train s'est arrêté à une grande station. Une masse humaine l'entoure subitement. Des nouvelles du théâtre de la guerre ! Une victoire ! Les dépêches sont arrivées quelques heures plus tôt. Tout le monde s'attendait à une défaite, et voici qu'on annonce un succès. Aussi la joie universelle ne connaît-elle plus de bornes. Les gens ont quitté leurs lits et sont accourus à moitié habillés vers la station. Sur les toits de certaines maisons, des drapeaux flottent déjà, et toutes les mains agitent des mouchoirs. On apporte aux wagons du tabac et des cigares. L'enthousiasme est au-dessus de toute description ; les faces sont radieuses. La « Wacht am Rhein » éclate comme un tonnerre. Les uns pleurent ; d'autres s'embrassent.

La joie entre à son tour dans le cœur des soldats, et eux aussi se mettent à chanter. Les wagons frémissent de la voix profonde des hommes, et la foule écoute avec surprise les mots qu'elle ne comprend pas.

— Les Polonais ! Les Polonais ! crie-t-on de toutes parts. Et les gens se rapprochent des wagons, commentant l'apparence des soldats, et raffermissant leur courage par ce qu'ils ont entendu dire de l'invincible bravoure des hommes du Nord.

Bartek a les joues enflées, et ses moustaches

jaunes, ses yeux fixes, l'ossature puissante de son corps en font quelque chose de terrible. On le regarde comme une bête curieuse. Quels défenseurs les Allemands vont avoir ! Celui-là anéantira les Français ! Bartek sourit avec satisfaction ; il se sent heureux de ce qu'il vient d'entendre. Une victoire ! Alors les Français ne viendront pas à Pognembin ; ils n'enlèveront pas Magda. Il sourit, mais comme les coups qu'il a reçus lui font encore très mal, son sourire est une grimace horrible. Il mange toutefois avec l'appétit d'un héros d'Homère ; les saucisses et les chopes de bière disparaissent dans sa bouche comme dans une caverne. On lui donne des cigares, des pièces de cuivre ; il prend tout.

— C'est un bon peuple, ces Allemands, dit-il à Voitek.

Et au bout d'un certain temps il ajoute :

— Et tu vois qu'ils ont battu les Français.

Le sceptique Voitek jette une ombre sur sa joie. Voitek est un prophète à la manière de Cassandre :

— Les Français se laissent toujours battre en commençant pour emmener leurs ennemis où ils veulent. Mais ensuite tu verras.

Voitek ne savait pas que la majeure partie de l'Europe partageait alors son opinion. Et ce qu'il savait encore moins, hélas ! c'est que toute l'Europe se trompait avec lui.

Ils repartirent. A partir de ce moment, toutes les maisons qui passèrent devant eux étaient couvertes de drapeaux. A certaines stations on les retint longuement, car toutes étaient encombrées de trains. Les troupes se hâtaient de tous les points de l'Allemagne pour renforcer les premières divisions engagées. Les convois étaient ornés de couronnes vertes. Les uhlans avaient accroché à leurs lances des bouquets de fleurs qu'on leur avait donnés en route. Parmi eux la plupart étaient Polonais.

Des cris partaient des wagons :

— Qui êtes-vous, enfants? Et où Dieu vous conduit-il?

Quelquefois, d'un train filant sur une voie voisine partait le chant bien connu :

> « De l'autre rive de Sandomir
> « La jeune fille appelle son soldat... »

Bartek et ses camarades reprenaient alors :

> « Oh! soldat, viens et aime-moi.
> « Je n'ai pas encore mangé. Que Dieu te récompense! »

Et de même que tous avaient quitté Pognembin la tristesse plein le cœur, de même étaient-ils maintenant pleins d'ardeur et d'enthousiasme. Le premier train revenant de France, chargé de blessés, les calma un peu, cependant. Ce train s'était arrêté à Deutz, et y restait longtemps, pour laisser passer ceux qui se hâtaient vers le combat. Mais avant que tous eussent pu traverser le pont qui conduit à Cologne, des heures s'étaient consumées. Bartek s'élança comme les autres pour voir

les malades et les blessés. Les uns gisaient dans
des wagons fermés, et les autres, faute de place,
sur des trucs à marchandises. On les voyait nettement, ceux-là. Et le premier regard qu'il leur jeta
ôta une fois encore à Bartek tout son courage.

— Viens, Voitek, criait-il avec terreur. Vois
combien ces Français en ont massacré.

C'était en effet un spectacle inoubliable. Des
faces maigres et souffrantes, noires de douleur ou
de poudre, et couvertes de sang, qui ne répondaient à l'allégresse générale que par des gémissements. Tous maudissaient la guerre. Des lèvres
parcheminées et sèches criaient et demandaient à
boire ; les yeux regardaient comme des yeux de
fous. Çà et là, parmi les blessés, se distinguait le
visage plus livide encore d'un mourant, calme
quelquefois, un cercle violet autour des yeux, et
parfois ravagé par les suprêmes convulsions, avec
un regard sauvage et des dents grinçantes. Bartek
voyait, pour la première fois, les fruits sanglants
de la guerre. Un nouveau chaos s'amoncelait dans
sa tête ; il regardait devant lui comme un homme
stupéfié, et restait immobile, la bouche ouverte ;
on le poussait de toutes parts. Il vit enfin Voitek et
lui dit :

— Voitek ! Que Dieu nous garde ! oh !

— Voilà comment tu seras bientôt, toi aussi.

— Jésus Marie ! Et c'est ainsi que les hommes
s'arrangent les uns les autres ! Et cependant, dans
nos villages, quand un homme en frappe un autre,
la police l'emmène et le tribunal le punit.

— Peut-être. Mais à présent le meilleur est celui qui en tue le plus. Croyais-tu donc, stupide, que nous allions brûler de la poudre comme aux manœuvres ou à la chasse ? Non ! ce sont des hommes qu'il faut abattre, maintenant.

Il y a en effet une grande différence entre la théorie et la pratique. Notre Bartek était soldat, cependant ; il avait été aux appels ; il avait tiré des coups de fusil et savait qu'en guerre les hommes se tuent les uns les autres, mais maintenant qu'il voyait le sang des blessés, les misères de la guerre, il se sentait si malade et si faible qu'il se tenait à peine sur ses jambes. Il acquérait un respect nouveau pour la France, et ce respect ne diminua qu'en arrivant à la station centrale de Cologne. Là se tenaient des prisonniers entourés par une multitude de soldats, et par une foule qui les regardait avec importance, mais sans haine encore. Bartek se fit un chemin en jouant des coudes ; il regarda un wagon et fut surpris.

Un groupe de soldats d'infanterie, les vêtements déchirés, des hommes petits, sales, souffrants, emplissaient les compartiments comme des sardines emplissent une boîte. La plupart d'entre eux tendaient les mains vers les menus présents que le public lançait par dessus la tête des gardes. Bartek, d'après ce que lui avait dit Voitek, se faisait une tout autre idée des Français. Le courage revint dans sa poitrine. Il chercha Voitek, qui d'ailleurs était près de lui.

— Qu'est-ce que tu me disais donc ? Ce sont de

pauvres compagnons. Si j'en frappais un, j'en tuerais trois autres en même temps.

— Ils ont dû diminuer, répondit Voitek également désappointé.

— Quelle langue parlent-ils?

— Certainement pas le polonais.

Satisfait à cet égard, Bartek continua son inspection des wagons.

— Misérables compagnons! murmurait-il de temps à autre.

Mais après l'infanterie venaient des zouaves. Ceux-ci firent réfléchir Bartek. Comme ils étaient assis dans des wagons fermés, il était impossible de déterminer leur taille, mais à travers les vitres, on distinguait très bien leurs longues barbes et leur air guerrier, leurs faces sérieuses de vieux soldats, leur teint bronzé et leurs yeux qui luisaient terriblement. Le courage de Bartek subit un nouvel assaut.

— Ceux-ci sont plus dangereux, dit-il.

— Tu n'as pas encore vu ceux qui ne se laissent pas battre.

— Que Dieu m'en garde!

— Tu les verras.

Quand ils eurent assez regardé les zouaves, ils allèrent plus loin. Et tout à coup Bartek fit un saut en arrière comme s'il venait d'être brûlé par un fer rouge.

— Au secours! Voitek, sauve-moi!

A une fenêtre ouverte se voyait la face sombre, presque noire, d'un turco, avec le blanc de ses yeux retourné. Il devait avoir été blessé, car son visage était tordu par la souffrance.

— Qu'est-ce que c'est que ça ? demanda Voitek.

— C'est un démon, ce n'est pas un soldat ! Que Dieu me pardonne mes péchés !

— Mais regarde ! Quelles dents il a !

— Oh ! que le diable l'emporte ! Je ne veux plus le voir !

Bartek resta quelques instants silencieux. Puis il dit :

— Voitek ?

— Quoi ?

— Si un de ceux-là était baptisé, est-ce que cela le sauverait ?

— Les païens ne peuvent pas comprendre la sainte foi.

L'ordre fut donné de remonter en wagon.

Au bout d'un certain temps le train repartit. Quand il fit sombre, Bartek voyait continuellement devant lui la face noire du Turco, et le blanc terrible de ses yeux. Des sentiments qui possédaient à cette heure le guerrier de Pognembin, on aurait difficilement prophétisé ses futurs exploits.

IV

Une certaine part de l'engagement général de Gravelotte convainquit d'abord Bartek d'une chose... c'est que dans une bataille il y a beaucoup à regarder, mais pas beaucoup à faire. Pour commencer, lui et son régiment reçurent l'ordre de se tenir l'arme au pied au bas d'une colline couverte de vignes. A distance, le canon tonnait ; plus près, des régiments de cavalerie passaient en faisant trembler la terre, des fanions claquaient, des sabres de cuirassiers choquaient les éperons. Au-dessus de la colline, dans le ciel bleu, des obus éclataient, répandant de petits nuages blancs ; la fumée cachait l'horizon. Il semblait que la bataille dût passer à côté. Mais ce doute ne dura pas longtemps.

Au bout d'un certain temps, des mouvements surprenants se produisirent autour du régiment de Bartek. D'autres régiments commencèrent à prendre place auprès de lui, et dans les intervalles qu'ils laissaient, des canons furent amenés à toute vitesse, la gueule tournée vers le sommet de la colline. La vallée entière se remplit de troupes. De toutes parts des commandements se croisaient. Les Polonais, dans le rang, se murmuraient de l'un à l'autre :

— C'est notre tour.

— Ça va commencer.

— Tu crois ?

Et une incertitude planait, peut-être l'attente de la mort. Dans la fumée qui couvrait le sommet du monticule, quelque chose claquait et broyait terriblement. La rumeur des canons s'approchait de plus en plus, ainsi que le bruit continuel de la fusillade. Du lointain venait comme un craquement indéfini, celui des mitrailleuses. Soudain, les pièces d'artillerie nouvellement placées se mirent à tonner, et la terre trembla. Devant le régiment de Bartek il y eut un sifflement terrible. Tout le monde regarda : Quelque chose s'enlevait, brillant et rose, enveloppé d'un nuage, et dans ce nuage quelque chose ronflait, riait, grinçait, hennissait et hurlait. Les hommes criaient : « Une grenade ! Une grenade ! » Alors cet oiseau de guerre, avec l'impétuosité d'un ouragan, s'approchait, tombait, éclatait ! Un bruit terrible déchirait les oreilles, une explosion à faire croire que la Terre sautait, et l'air était chassé dans un souffle de violence. Le désordre se mettait dans les rangs autour des canons, puis un cri, un commandement : « Attention ! »

Bartek se trouvait au premier rang. Son fusil à l'épaule, la tête droite, la barbe immobile, et ses dents ne claquaient pas. Il n'était pas permis de trembler ; il n'était pas permis de faire feu. Debout ! halte ! La seconde grenade arrive, puis la troisième, puis la quatrième, puis la dixième. Le vent chasse la fumée de la colline. Les Français ont repoussé de là les batteries prussiennes, et ils y ont placé les leurs, qui vomissent maintenant du feu dans la vallée. A chaque instant, de longues colonnes de fumée partent de la vigne. L'infanterie, sous le feu des canons, descend la côte, plus bas, toujours plus bas, et commence à tirer. On la voit parfaitement. Est-ce que la vigne se serait subitement couverte de coquelicots ? Non. Ce sont les képis des fantassins. Tout à coup ils disparaissent dans le feuillage ; on ne voit plus que leur drapeau aux trois couleurs. La mousqueterie commence, rapide, fiévreuse, irrégulière ; elle éclate à chaque instant à des endroits nouveaux. Au dessus de ce bruit, le sifflement des grenades continue, elles se croisent en l'air. Sur la colline des explosions se suivent, saluées par les cris de joie des Allemands. Le canon de la vallée gronde sans interruption. Les régiments sont toujours immobiles.

Le cercle de feu, cependant, commence à les enclore par les flancs. Les balles bourdonnent comme de grosses mouches ou passent en sifflant. A chaque instant elles augmentent de nombre... Elles fourmillent autour des têtes, des nez, des yeux, des épaules des hommes ; elles viennent par milliers, par millions. C'est un miracle qu'un soldat soit encore debout. Soudain, derrière Bartek, un gémissement : « Jésus ! » Puis un commandement : « Serrez ! » Puis, de nouveau : « Jésus ! » Puis, de nouveau : « Serrez ! » Enfin, c'est une plainte ininterrompue, et le commandement devient plus rapide. Les rangs se serrent ; les commandements deviennent encore plus fréquents. Les morts sont tirés de la ligne par les pieds. L'heure du jugement dernier est arrivée.

— Tu as peur? dit Voitek.

— Pourquoi n'aurais-je pas peur? répond Bartek.

Et tous les deux se tiennent là, Bartek et Voitek, et il ne leur vient même pas à l'idée qu'ils pourraient s'enfuir. On leur a ordonné de rester là, et c'est tout. Bartek ne disait d'ailleurs pas la vérité. Il n'était pas aussi effrayé que des milliers d'autres l'auraient été à sa place. La discipline était chez lui plus forte que l'imagination, et son imagination ne lui peignait pas la situation dans toute son horreur. Cependant, il pensait bien pouvoir être tué, et il fit part de cette pensée à Voitek.

— Il n'y aura pas un trou dans le ciel si un fou comme toi est tué, lui répondit Voitek.

Et cette réponse le calma considérablement. Il lui semblait maintenant que la question la plus importante était de savoir s'il y avait un trou dans le ciel. Il se tint immobile et plus calme, mais il avait terriblement chaud, et la sueur coulait à grosses gouttes sur son visage. Cependant le feu devenait si meurtrier que les rangs avaient l'air de fondre devant ses yeux. Il n'y avait personne pour emporter les morts et les blessés ; leurs gémissements se mêlaient au ronflement des obus et au sifflement de la fusillade. Par les mouvements du drapeau tricolore, on pouvait juger que l'infanterie, dissimulée dans la haute vigne, avançait d'instant en instant. Le groupe des mitrailleuses décimait les rangs, que le désespoir allait saisir.

Mais ce désespoir était fait surtout d'impatience et de rage. On sentait que si l'ordre était donné à ces hommes d'avancer, ils s'élanceraient comme un ouragan. Mais ils ne peuvent plus tenir en place. Un soldat jette son casque à terre tout à coup, et s'écrie :

— Du sang ! du sang !

Le sol, sous les pieds du régiment polonais, était imbibé de sang ; l'odeur de la mort se mêlait à l'odeur de la poudre. A certains endroits, il était devenu impossible de serrer les rangs, car les cadavres tenaient tout le terrain. Aux pieds de ces hommes qui se tenaient encore debout et immobiles, l'autre moitié du régiment gisait dans le sang, gémissant, mourant ou saisie par les convulsions de la mort. L'air manquait aux poitrines. Des murmures menaçants couraient :

— On nous a amenés ici pour nous y faire massacrer.

— Personne ne sortira d'ici !

— Silence ! brutes de Pologne ! criait la voix d'un officier.

Tout à coup, une voix prononça :

— Sous ta protection...

Bartek continua :

— Nous nous plaçons aujourd'hui, ô Sainte Mère de Dieu !

Et bientôt un chœur de voix polonaises en appelait, sur ce champ de carnage, à l'aide de la « Vierge.

de Chenstohova ». Et, de sous les pieds des vivants, les mourants répondaient : « O ! Marie ! O ! Marie ! »

Elle les entendit évidemment, car à cette minute même, un officier arrivait sur un cheval couvert d'écume, et criait :

— A l'attaque ! Hourrah ! En avant !

La rangée des baïonnettes s'abattit soudain, les rangs formèrent une longue ligne qui s'élança vers la colline pour chercher à la pointe de l'arme l'ennemi qu'on ne pouvait voir avec les yeux. Mais du pied de cette colline, les Polonais étaient séparés encore par plus de deux cents mètres, et cette distance devait être franchie sous un feu meurtrier. Seraient-ils massacrés jusqu'au dernier homme ou bien ne courraient-ils pas ? Ils pouvaient être tous exterminés, mais ils ne reculeraient pas, car les officiers prussiens savaient de quelle note jouer pour cette attaque. Parmi la rumeur des canons, parmi la fusillade, la fumée, la confusion, les gémissements, plus haut que tout, éclate l'hymne qui fait bouillir le sang dans la poitrine de tous les Polonais : « La Pologne n'est pas perdue ! »

— Hourrah ! Tant que nous sommes vivants ! répondent les soldats enthousiasmés. Une flamme s'est allumée sur leurs visages. Ils courent comme un ouragan par-dessus les cadavres des chevaux et des hommes, par dessus les débris d'armes et de canons. Ils périssent, mais s'élancent avec de nouveaux cris et de nouveaux chants. Ils ont presque atteint déjà le haut de la vigne. Ils y disparaissent. Mais l'hymne s'en élève. En même temps, leurs baïonnettes luisent. Au sommet de la colline le feu a terriblement augmenté. Dans la plaine, les trompettes sonnent sans interruption. Les décharges françaises deviennent de plus en plus rapides, fiévreuses, et soudain tout se tait.

Dans la vallée, Steinmetz — ce vieux loup de guerre — allume une pipe de porcelaine et dit avec satisfaction :

— On en fait tout ce qu'on veut, avec cette musique. Ils ont enlevé la position ; il ne faut pas plaisanter avec eux.

Les trompettes entament à nouveau l'hymne. Un second régiment polonais court à l'aide du premier. Dans la vigne, un sanglant combat à la baïonnette s'engage.

O ! Muse ! chante maintenant mon Bartek, afin que la postérité sache ce qu'il a fait. Dans son cœur, la peur, la terreur, l'impatience, le désespoir s'étaient transformés en un seul sentiment : la rage. Et quand il entendit l'hymne de son pays, il n'y avait pas un seul nerf dans tout son corps qui ne fût tendu à se rompre. Ses cheveux s'étaient dressés ; des étincelles partaient de ses yeux. Il oublia le monde... il oublia que la mort pouvait venir, et, saisissant son fusil dans ses mains puissantes, il s'élança devant les autres. Quand il fut arrivé à la colline, il tomba au moins dix fois, s'écorcha le visage, se couvrit de terre et de sang, et se remit à courir, fou, haletant, aspirant l'air à bouche grande ouverte. Il fouillait des yeux la vigne, cherchant les ennemis. Il en découvrit trois autour d'un drapeau. C'étaient des Turcos. Vous pensez que Bartek eut peur ? Non ! Il aurait saisi Lucifer lui-même par les cornes, à ce moment.

Hélas ! si le pauvre garçon eût pu deviner comment les Prussiens le récompenseraient un jour de ses prouesses, il ne les aurait certainement pas accomplies.

Il s'élança vers les trois hommes, et eux-mêmes, avec un hurlement, s'élancèrent vers lui. Deux baïonnettes touchaient déjà sa poitrine; mais Bartek saisit son fusil par le canon, comme une massue, et se mit à en faire un moulinet terrible. Il frappa. Un gémissement répondit à ses coups, et deux corps noirs s'abattirent, saisis des convulsions de la mort. A ce moment, dix hommes accouraient au secours de celui qui portait le drapeau, et qui était debout encore. Bartek s'élança contre eux tous. Ils firent feu ; un tourbillon de fumée enveloppa Bartek, et il cria :

— Manqué !

Le terrible fusil recommença son moulinet ; de nouveaux gémissements répondirent à ses coups. Les Turcos l'entouraient ; ils poussaient dans leur langue des cris gutturaux. Bartek crut comprendre :

— Magda ! Magda !

La rage du Polonais devint de la folie.

— Ah ! vous voulez Magda ! hurla-t-il. Et il se jeta au plus fort de la mêlée.

Heureusement, un assez grand nombre de Matsek, Voitek et autres Bartek se hâtait à son aide.

Au milieu de la vigne, une bataille corps à corps commença, accompagnée de coups de fusils, de sifflements de respirations haletantes, des cris furieux des combattants. Bartek avançait comme un ouragan. Noir de fumée, couvert de sang, plus semblable à une bête qu'à un homme, ne faisant attention à rien, il renversait un homme à chacun de ses coups, brisait des fusils et écrasait des têtes. Cette lutte sauvage dura longtemps, et elle coûta des deux parts la vie à bien des combattants. Quand elle fut terminée, Bartek, sanglant des pieds à la tête, était en possession d'un drapeau qu'il avait pris lui-même et caché dans sa poitrine. En outre, il était assis sur un canon dont il avait assommé les défenseurs à l'aide de son terrible fléau.

Un rayon de gloire brillait dans ses yeux.

— Qu'est-ce que tu me racontais ? disait-il à Voitek, qui se tenait auprès de lui, sanglant et déchiré. J'ai pris un canon. J'ai pris un drapeau et j'en ai fait prendre deux autres. Tes Français !

— Qui aurait dit que tu étais si venimeux ? lui répondait Voitek qui avait assisté aux hauts faits du géant, et qui le regardait à présent avec des yeux admiratifs.

D'ailleurs, Voitek seul n'avait pas vu les prouesses de Bartek. L'histoire, le régiment, la plupart des officiers, tout le monde considérait, non sans surprise, ce géant aux moustaches jaunes et aux yeux fixes.

Le major, lui-même, le prit par une oreille, et Bartek grinça des dents de délice. Quand le régiment eut été reformé en ligne au pied de la colline, le major le montra au colonel, et le colonel à Steinmetz lui-même.

Steinmetz regarda les drapeaux et ordonna de les prendre. Puis il regarda Bartek. Celui-ci tremblait d'émotion en présentant les armes, mais le vieux général le considérait avec satisfaction. Enfin il dit quelque chose au colonel. Le mot : *under-offizier* (sous-officier) fut entendu.

— *Zu dumm, Excellenz* (trop bête, votre Excellence), répondit le colonel.

— Essayons, dit encore Steinmetz. Et il se tourna vers Bartek.

Celui-ci ne savait pas ce qui allait lui arriver, car c'est une chose inconnue dans l'armée allemande qu'un général parlant à un simple soldat. Mais Steinmetz le faisait parce qu'il connaissait le polonais, et parce que Bartek avait pris trois drapeaux et un canon.

— D'où es-tu ? demanda-t-il.

— De Pognembin.

— Bien. Ton nom ?

— Bartek Slovik.

— Sais-tu pourquoi tu te bats avec les Français ?

— Je le sais, général.

— Et pourquoi ?

Bartek balbutia :

— Parceque... parceque...

Les explications de Voitek revinrent soudain à sa mémoire, et il les répéta crûment, vivement, de peur de se tromper.

— Parce que ce sont des Allemands aussi, mais pis que les autres... les canailles!

Le visage du général se contracta comme s'il eût eu beaucoup de mal à s'empêcher d'éclater de rire. Puis il se tourna vers le colonel et lui dit :

— Vous aviez raison.

Mon Bartek, satisfait de soi, se tenait droit comme un I.

— Qui a gagné la bataille, aujourd'hui? demanda encore le général.

— Moi! répondit Bartek sans l'ombre d'une hésitation.

La face du vieux guerrier se contractait de nouveau.

— C'est vrai! c'est vrai! dit-il. Et voici ta récompense.

Il détacha la croix de fer de sa propre poitrine, et l'attacha sur celle de Bartek. Puis il partit. Le colonel donna dix thalers à Bartek, le major cinq, et ainsi de suite. Tous lui répétèrent, de bonne humeur, qu'il avait gagné la bataille. Et Bartek était dans le septième ciel.

Chose surprenante, Voitek fut le seul homme qui ne témoignât pas de joie à notre héros.

Le soir, quand ils furent assis autour du feu et que l'importante personne de Bartek fut aussi remplie de saucisse que la saucisse elle-même était emplie de pois, Voitek lui dit d'un ton de résignation :

— Oh! Bartek, tu es stupide! Stupide!

— Et pourquoi? demanda Bartek, la bouche pleine.

— Pourquoi as-tu dit au général que les Français étaient Allemands ?

— C'est toi qui me l'as dit.

— Mais tu ne sais donc pas que le général et ses officiers sont Allemands eux-mêmes.

— Et puis ?

Voitek commençait à balbutier.

— Mais s'ils sont Allemands, ce n'est pas la peine de le leur dire ; c'est maladroit !

— Mais je le disais pour les Français, pas pour eux !

— Quand même !...

Voitek s'arrêta soudain. Il aurait certainement voulu dire encore quelque chose ; il aurait voulu faire comprendre qu'en présence d'Allemands, il n'était pas prudent de parler mal des Allemands, mais il y renonça.

———

V

Quelque temps après la Poste Royale prussienne apportait à Pognembin, la lettre suivante :

« Ma chère Magda,

« Gloire à Jésus-Christ et à sa Sainte Mère. Qu'est-ce qu'on fait à la maison ? Tu es bien, toi, dans la ferme et dans ton lit de plume, mais ici on se bat terriblement. Nous étions autour de la grande forteresse de Metz, et

j'ai tant tué de Français, que la cavalerie et l'infanterie
en étaient émerveillées. Le général, lui-même, a dit que
j'avais gagné la bataille et m'a donné la croix.

« Maintenant les officiers et les sous-officiers me res-
pectent beaucoup et ne me battent presque plus. Après
cela nous avons marché et il y a eu une seconde bataille,
mais j'ai oublié le nom du pays ; je me suis battu et j'ai
pris un quatrième drapeau ; j'ai fait captif un grand colonel de cuirassiers. Le sous-officier me conseille de faire
une pétition et de demander à rester ici, quand les régiments seront renvoyés chez eux.

« En guerre on ne dort pas beaucoup, mais on trouve
assez bien à manger. Il y a du vin partout, car les gens
sont riches. Quand nous brûlons un village, nous n'épar-
gnons ni les femmes ni les enfants, et je fais comme les
autres. Nous avons brûlé une église, car les Français
sont catholiques, et beaucoup de monde a péri dedans.
Nous allons maintenant contre l'empereur lui-même, et
ce sera la fin de la guerre ; prends bien soin de la ferme
et de Franek. Sinon, quand je reviendrai à la maison, je
te regarderai si fixement que tu ne sauras pas qui je
suis. Adieu.

« BARTEK SLOVIK. »

Bartek avait pris goût à la guerre évidemment,
et commençait à la regarder comme son milieu de
prédilection. Il avait gagné une grande confiance
en soi-même, et s'en allait maintenant à la bataille
comme autrefois il s'en allait à son ouvrage, à
Pognembin. Après chaque engagement, médailles
et croix affluaient sur sa poitrine, et bien qu'il ne
fût pas sous-officier, tout le monde le tenait pour
le premier soldat du régiment. Il était toujours
aussi obéissant qu'autrefois, et possédait la bravoure d'un homme qui ne peut apprécier le danger.
Sa valeur ne venait plus, comme dans les premiers

temps, de la rage. La source en était maintenant la
pratique militaire, et la foi en soi-même. D'autre
part, sa force gigantesque endurait toutes les
épreuves, toutes les marches et toutes les veilles.
Les hommes mouraient de lassitude autour de
lui; il ne se plaignait même pas; il devenait seulement plus fier, et se transformait peu à peu en un
véritable homme d'armes prussien. Il commençait
non seulement à combattre les Français, mais à les
haïr. Ses autres idées avaient aussi changé. Il devenait un soldat-patriote, et adorait aveuglément ses
chefs. Dans une lettre suivante, il écrivait à Magda :

« Voitek a été tué, mais tu le sais, c'est la guerre.
D'ailleurs c'était un fou. Il disait que les Français étaient
des Allemands, alors que ce sont des Français et que les
Allemands sont les nôtres. »

Magda, en réponse à ces deux lettres, écrivit ce
qui suit :

« Mon cher Bartek,

« Nous avons été mariés devant l'autel ; que Dieu te
punisse ! Tu es fou toi-même, païen, car en compagnie
de Prussiens tu assassines les catholiques. Tu ne comprends donc pas que ces Prussiens sont protestants, et
que toi, catholique, tu ne dois pas les aider ? Tu as désiré
la guerre, parceque là tu n'as rien à faire que boire et
assassiner le monde, ne pas observer les fêtes mais
brûler les églises. Tu brûleras en enfer si tu ne changes
pas de conduite, si tu continues à massacrer les vieillards et les enfants. Je t'envoie cinq thalers, bien que je
sois ici dans la misère, que la maison tombe en ruines
et que je ne sache pas quoi devenir. Je t'embrasse, mon
cher mari.   « MAGDA. »

Les reproches contenus dans cette lettre ne firent
que peu d'impression sur Bartek. « Les femmes
n'entendent rien au service, se dit-il, et elles aiment
à se mêler des affaires des autres. » Il continua à
se battre à son ancienne mode. Il se distingua encore dans différents combats, si bien que les
regards les plus élevés tombèrent sur lui. Lorsque
les régiments polonais, à peu près anéantis, furent
renvoyés dans leurs foyers, lui demanda par voie
de pétition à demeurer. Et c'est ainsi qu'il se
trouva à l'investissement de Paris.

Ses lettres étaient maintenant pleines d'orgueil.
Cependant, le siège n'était pas tout-à-fait de son
goût. Il fallait rester dans les tranchées des jours
entiers, écouter le tonnerre de l'artillerie, remuer
la terre et être souvent trempé. En outre, il regret-
tait son premier régiment. Dans celui où il venait
d'être transféré, il n'était entouré que de Prussiens. Il ne savait que quelques mots d'allemand.
Il commençait à peine à parler librement. On l'appelait le « bœuf de Pologne » et c'est seulement
grâce à la force terrible de ses poings qu'il échap-
pait aux plaisanteries les plus cruelles.

Cependant, après un certain nombre de batailles,
il acquit le respect de ses nouveaux camarades et
commença lui-même à s'accoutumer à eux. Enfin
il ne fut plus regardé comme un étranger, tant il
avait couvert le régiment de gloire. Bartek aurait
tenu pour une insulte, avant la guerre, d'être
appelé *Niemets* (Prussien) par un de ses compatriotes ; maintenant, en haine des Français, il s'in-

titulait *Deutscher* (Allemand). Il lui semblait que c'était quelque chose d'entièrement différent; et d'autre part, il ne voulait pas apparaître pis que les autres.

Il se produisit cependant un incident qui lui aurait donné beaucoup à penser, si la pensée eût été habituelle à son héroïque cervelle. Deux compagnies de son régiment furent envoyées un jour à la chasse des francs-tireurs. Ils dressèrent une embuscade, et les francs-tireurs y tombèrent. Le détachement était composé de vieux soldats, débris d'un régiment de légion étrangère décimé. Lorsqu'ils se virent pris, ils se défendirent désespérément, et enfin s'élancèrent pour s'ouvrir un chemin à la baïonnette à travers le cercle des soldats prussiens. Ils se battirent avec une telle furie que quelques-uns passèrent, en effet. Par dessus tout, il ne leur fallait pas se laisser prendre vivants; ils connaissaient le sort fait aux francs-tireurs pris les armes à la main. Toutefois, la compagnie de Bartek fit deux prisonniers. Au soir, ces deux hommes furent placés dans une chambre de maison forestière. Ils devaient être fusillés le lendemain matin. Bartek fut placé de garde auprès d'eux, dans cette chambre dont la fenêtre était brisée.

Un des prisonniers était un homme d'un certain âge, les cheveux gris et la face indifférente à tout ce qui pouvait lui arriver. L'autre paraissait avoir vingt et quelques années; ses moustaches se voyaient à peine; il avait plus l'air d'une femme que d'un homme.

— Tout est fini, dit-il. Une balle dans la tête, et il ne sera plus question de nous.

Bartek frémit à un tel point que son fusil faillit lui échapper des mains. L'homme parlait polonais.

— Ça m'est égal, répondit l'autre. J'ai lutté si longtemps que j'en ai assez.

Le cœur de Bartek battait à chaque instant plus vite sous son uniforme.

— Ecoute, continua l'aîné, il n'y a rien à faire. Si tu as peur, essaie de penser à autre chose, ou tâche de dormir. La vie est finie. Aussi vrai que Dieu m'est cher, ça m'est égal.

— Je suis triste pour ma mère, répondit le jeune homme d'un ton sombre.

Et souhaitant évidemment surmonter son émotion ou s'étourdir soi-même, il se mit à siffler. Tout à coup il s'arrêta et cria, dans le plus profond désespoir :

— Que le tonnerre m'écrase ! Je ne lui ai même pas dit adieu !

— Tu t'es sauvé de la maison ?

— Oui. Je me disais : ils battront les Allemands, et ce sera mieux pour le peuple de Poznan.

— Je le pensais aussi. Mais à présent...

Le vieil homme agita ses mains et finit sa phrase à voix basse ; mais le bruit du vent couvrit ses derniers mots. La nuit était froide. Une pluie fine tombait sans interruption ; le bois était noir comme l'enfer. Dans la chambre, le vent soufflait comme au dehors et hurlait dans la cheminée comme un chien. La lampe, accrochée au-dessus de la fenêtre pour que les rafales ne l'éteignissent pas, jetait une lumière tantôt vive et tantôt fuligineuse. Bartek, qui se tenait sous cette lampe et devant la fenêtre, était enfoncé dans l'ombre.

Et peut-être était-il préférable que les prisonniers ne vissent pas son visage. Des choses étonnantes arrivaient à cet homme. D'abord, l'étonnement s'était emparé de lui ; il regardait fixement les prisonniers et cherchait à comprendre ce qu'ils disaient. Ils étaient venus se battre contre les Prussiens afin qu'il en allât mieux du peuple de Poznan ; et lui était venu se battre contre les Français pour le même motif. Et ces deux hommes seraient fusillés le lendemain matin : Qu'est-ce que cela signifiait ? Qu'était-il, pauvre compagnon, pour songer à tout cela ? Et s'il leur parlait... s'il leur disait qu'il était leur compatriote... qu'il était triste à cause d'eux ? Quelque chose le saisit tout à coup à la gorge. Et que leur dirait-il ? Qu'il voulait les sauver ? Alors, c'est lui qui serait fusillé. Ah ! au secours ! Que lui arrive-t-il ? La pitié l'agite tellement qu'il ne peut plus tenir en place.

Une tristesse terrible lui est venue de loin, de quelqu'endroit, de Pognembin. La pitié, un hôte étrange pour le cœur d'un soldat, lui crie : « Bartek, secoure tes compatriotes ; ceux-là sont les tiens ! » Et son cœur se déchire, s'élance vers la ferme, vers Magda, vers le village ; ce cœur s'ouvre comme il ne l'avait pas fait encore. Il a assez de la France, de la guerre, des batailles. A chaque instant il entend une voix plus distincte : « Bartek, sauve les tiens ! » Que la terre s'ouvre sous cette guerre. A travers la fenêtre brisée, la forêt est noire ; elle mugit comme les pins de Pognembin, et dans cette rumeur quelque chose crie encore : « Bartek, sauve tes compatriotes ! »

Que fera-t-il ? Fuir dans la forêt avec eux ? Quoi ? Tout ce que la discipline prussienne a mis en lui se dresse et se hérisse à cette pensée. « Lui, un soldat, déserter ! Jamais ! »

Cependant la forêt parle plus haut, et le vent gémit de plus en plus lugubrement.

Le vieux prisonnier parle, soudain :

— Mais ce vent est comme celui de chez nous, en automne.

— Epargne-moi ! lui répond le jeune homme d'une voix brisée.

Et au bout d'un certain temps il répétait dans un sanglot :

— Chez nous !... Chez nous !... O mon Dieu !... Chez nous !...

Un profond soupir se mêla au sifflement du vent, et les deux prisonniers redevinrent de nouveau silencieux. La fièvre commençait à secouer Bartek.

Le pire supplice pour un homme est de ne pas pouvoir dire ce qui l'agite. Bartek n'avait jamais volé, et il lui semblait qu'il avait volé quelque chose ; il lui semblait qu'on allait l'arrêter. Rien ne le menaçait, et il avait une peur terrible et mystérieuse. Voyez, ses jambes tremblent sous lui ; son fusil lui pèse, quelque chose comme une insurmontable faiblesse l'assaille. Pourquoi donc est il aussi triste ? Est-ce pour Magda ? Est-ce pour les deux prisonniers ? C'est pour eux, et surtout pour le plus jeune, qu'il voudrait tant sauver !

Par moments, il semble à Bartek qu'il dort. Cependant le bruit de la tempête augmente au dehors. Dans le hurlement du vent s'entendent des voix et des cris, toujours plus haut.

Tout à coup les cheveux de Bartek se hérissent sous son casque.

Voyez ! Là-bas, dans la profondeur sombre de la forêt, quelque chose d'indéfinissable s'est dressé, qui gémit et qui répète :

— Chez nous... chez nous... chez nous !

Bartek tressaille et frappe le plancher de la crosse de son fusil pour s'éveiller soi-même. Et de fait, la conscience lui revient. Il regarde autour de lui ; les prisonniers sont couchés dans leur coin ; la lampe brûle, le vent hurle, tout est en ordre.

La lumière tombe maintenant en plein sur le visage du plus jeune prisonnier. C'est le visage d'un enfant ou d'une jeune fille. Mais les yeux sont fermés. Il y a de la paille sous la tête, et l'enfant a l'air d'être déjà mort.

Depuis que Bartek est Bartek, jamais une pareille tristesse ne l'a saisi. Quelque chose le serre à la gorge à l'étouffer ; un sanglot est près de s'échapper de sa poitrine.

Cependant, le vieux prisonnier s'est péniblement tourné vers le jeune, et lui dit :

— Bonne nuit, Vladek.

Un silence suit. Une heure passe. Quelque chose de particulièrement douloureux est advenu à Bartek. Le vent dans les arbres joue comme les orgues de Pognembin. Les prisonniers sont immobiles. Soudain, le plus jeune se redresse d'un effort et appelle :

— Karol !

— Quoi ?

— Tu dors ?

— Non.

— Ecoute. J'ai peur. Dis-moi ce que tu voudras, mais je vais prier.

— Prie.

— Notre Père, qui êtes aux cieux, que votre nom soit béni. Que votre règne arrive…

Un sanglot interrompit la prière. Puis la voix de l'enfant reprit, brisée :

— Que votre volonté… soit faite…

— Oh ! Jésus ! gémit quelque chose dans la poitrine de Bartek. O ! Jésus !

Maintenant, il n'endurera rien de plus ! Un moment encore, et il criera :

— Moi aussi, je suis Polonais !

Et ensuite par la forêt, au hasard ! Advienne que pourra !

Soudain, dans le bois, des pas cadencés se font entendre. C'est la patrouille, et avec elle un sous-officier. On relève les sentinelles.

Ce jour, Bartek fut ivre dès le matin, le lendemain aussi.

. . . .

Mais les jours suivants d'autres expéditions se produisirent, des escarmouches, des marches, et notre héros revint peu à peu à son état normal. Il lui resta toutefois de cette aventure une certaine tendresse pour la bouteille, au fond de laquelle il alla souvent chercher la distraction. Pour le reste, il devint encore plus terrible dans la bataille, et la victoire suivit ses pas.

VI

De nouveau, quelques mois passèrent. Le printemps était avancé. A Pognembin les cerisiers avaient fleuri dans le jardin et s'étaient couverts de feuilles ; les champs étaient entièrement verts. Un jour, Magda était assise devant la ferme et préparait des légumes pour le souper. Mais le souper serait maigre ; la gêne était venue à Pognembin. Il n'y avait, pour s'en convaincre, qu'à regarder le visage de la jeune femme, sombre et plein d'anxiété. Peut-être aussi était-ce pour chasser l'inquiétude que Magda chantait d'une voix mince et contenue :

« Oh ! oh ! mon mari est à la guerre !
« Il m'a écrit.
« Et moi je lui écris aussi,
« Car je suis sa femme. »

Les hirondelles, dans les cerisiers, pépiaient
comme si elles eussent voulu couvrir sa voix, et la
jeune femme, tout en chantant, regardait tantôt
le chien endormi à ses pieds, tantôt la route passant devant la ferme, tantôt le sentier qui partait
de cette route pour entrer dans les champs. Peut-
être Magda surveillait-elle aussi ce sentier parce
qu'il conduisait à la station. Dieu voulut qu'elle
ne regardât pas en vain, ce jour. Dans le lointain
apparut une certaine forme, et la jeune femme
abrita ses yeux de ses mains, mais elle ne pouvait
pas distinguer à cause de la lumière aveuglante
du soleil ; mais Lysek, le chien, s'éveilla, leva la
tête, aboya un peu, commença à flairer et à pen-
cher sa tête à droite et à gauche. Au même instant
quelque chose comme un chant arrivait aux oreilles
de Magda. Lysek s'élança tout à coup au devant
de l'homme qui s'approchait. Magda pâlit.

— Bartek ! Est-ce que ce n'est pas Bartek ?

Elle se leva vivement, et ses légumes roulèrent
à terre. Maintenant elle n'avait plus de doute.
Lysek sautait à la poitrine du nouvel arrivant. La
femme s'élança, criant de toute la force de sa
joie :

— Bartek ! Bartek !

— Magda ! c'est moi ! répondit l'homme en se
faisant un porte-voix de ses mains et en hâtant le
pas.

Il ouvrit la grille, manqua le seuil, chancela,
tomba presque, et tous deux s'élancèrent dans les
bras l'un de l'autre.

— Je croyais que tu ne reviendrais plus jamais.
Je me disais : « Ils l'ont tué. » Comment es-tu ?
Entre. Franek est à l'école. Le maître est Allemand
et bat les enfants. L'enfant est bien, mais il a les
yeux fixes comme toi. Oh ! il était temps que tu
viennes, car ici rien ne va. C'est la misère. Je dis
bien : la misère. La pauvre maisonnette tombe de
pourriture. Comment es-tu ? Oh ! Bartek ! Bartek !
Enfin, je te revois ! Quels troubles j'ai eu ici ! Les
Chermyenitsky m'ont aidée, mais, oh ! mon Dieu !
Et alors tu es bien ? Je suis bien heureuse de te
revoir, bien heureuse. Dieu t'a protégé. Entre.
Oh ! pour l'amour de Dieu ! est-ce Bartek ? ou un
autre ? Qu'est-ce que tu as ? Au secours !

Magda remarquait maintenant pour la première
fois une longue cicatrice qui barrait la face de son
mari, de la tempe gauche à la barbe.

— Ce n'est rien. C'est un cuirassier qui m'a
touché. Mais je l'ai payé. J'ai été à l'hôpital.

— O ! Jésus !

— Ce n'est rien, je te dis.

— Tu es maigre comme un mort.

— *Ruhig !* (assez) interrompit Bartek.

Il était bruni et blessé ; un réel vainqueur ! Et il
chancelait sur ses pieds.

— Es-tu ivre ?

— Je suis encore faible.

Il était faible, à la vérité, mais il était également
ivre ; exténué comme il l'était, un verre d'eau-de-
vie lui suffisait, et à la station il en avait bu quelque chose comme quatre. Mais il avait l'esprit et

l'attitude d'un conquérant. Magda ne le connaissait pas sous ce jour.

— *Ruhig!* répéta-t-il. Nous avons fini la *krieg* (guerre). Maintenant je suis un seigneur, comprends-tu? Tu vois ceci? (Il montrait ses croix et ses médailles.) Voilà ce que je suis: *Links! Rechts! Heu! S'troh! Halt!* (Gauche! Droite! Foin! Paille! Halte!)

Il tonna d'une voix si puissante en lançant son « Halt », que Magda recula de peur.

— Es-tu devenu fou?

— Comment vas-tu, Magda? Quand je te dis : « Comment vas-tu? » cela signifie : « Comment vas-tu? » et pas autre chose. Et sais-tu le français? folle que tu es! *Musié! Musié!* Qui, *Musié*? Moi, *Musié*. Tu comprends?

— Mais qu'est-ce que tu as?

— Qu'est-ce que ça peut te faire? *Was?* (Quoi?) *Donne dîné!* Tu comprends?

Sous le front de Magda un orage commençait à se former.

— En quelle langue beugles-tu? Est-ce que tu ne sais plus le polonais? Ah! Prussien! J'avais raison! Vois ce qu'ils ont fait de toi!

— Donne-moi quelque chose à manger.

— Entre à la maison. Allons, marche!

Tout commandement ferme faisait sur Bartek une impression à laquelle il ne pouvait pas résister. Quand il entendit sa femme dire : « Marche », il se redressa, allongea ses bras, ouvrit les mains et, faisant un demi-tour régulier, partit du pied automatique des Prussiens dans la direction indiquée. Sur le seuil, il se reprit et regarda sa femme avec étonnement.

— Eh bien, qu'est-ce qu'il y a, Magda? Qu'est-ce qu'il y a?

— En avant! Marche!

Il entra dans la maison, mais tomba dès les premiers pas. L'eau-de-vie agissait sur sa tête faible; il se mit à chanter et à chercher Franek. Il dit même : « Morgen, Kerl », bien que l'enfant ne fût pas là. Ensuite il éclata de rire, fit un grand pas et deux tout petits, cria : « Hourrah! » et s'allongea de toute sa taille sur le plancher.

Il se réveilla le soir, dégrisé, caressa Franck, et prenant de l'argent se dirigea pour une campagne triomphante vers l'auberge. Sa célébrité l'avait déjà précédé à Pognerabin, où d'autres soldats de son régiment étaient rentrés avant lui et avaient raconté ses prouesses à Gravelotte et à Sedan. Et ce jour, lorsque le bruit se répandit que le grand vainqueur était au cabaret, tous ses anciens compagnons se hâtèrent pour le voir.

Notre Bartek s'était déjà assis à une table. Et personne ne le reconnaissait. Lui qui se montrait si soumis et si doux autrefois, donnait de grands coups de poing, s'enflait et buvait comme quatre.

— Vous rappelez-vous, enfants, comment j'ai éparpillé les Français, et ce que Steinmetz a dit?

— Pourquoi ne nous le rappellerions-nous pas?

— On disait tant de choses de ces Français. Mais c'était pour nous effrayer. *Was?* Ils sont faibles. D'ailleurs ils ne boivent pas de bière; ils ne boivent que du vin.

— Est-ce vrai?

— Quand nous brûlions un village, ils joignaient les mains et criaient : « Pitié! pitié! » ce qui signifiait qu'il fallait les épargner. Mais nous n'y faisions pas attention.

— Est-ce qu'on peut comprendre leur langage? demanda un jeune homme.

— Tu ne le pourrais pas, toi, parce que tu es trop bête. Mais moi! *Dôn di pen* (donne du pain). Tu comprends?

— Qu'est-ce que c'est que ça?

— Mais vous n'avez pas vu Paris. Là, il y avait des batailles les unes après les autres. Et nous les gagnions toutes. Ils n'avaient pas de bons chefs. Les officiers étaient fous, et les généraux aussi.

Matsei Kyerz, un vieux et sage paysan de Pognembin, commençait à hocher la tête.

— Oh! les Allemands ont gagné une terrible guerre! Et nous les y avons aidés. Reste à savoir, maintenant, ce que cela nous rapportera.

Bartek le regarda fixement.

— Qu'est-ce que vous dites?

— Avant la guerre les Allemands ne nous regardaient même pas, et maintenant ils lèvent si haut la tête qu'ils ne voient même plus Dieu au-dessus d'eux. Ils nous insulteront plus que jamais. Et ils ont déjà commencé.

— Ce n'est pas vrai! dit Bartek.

A Pognembin, le vieux Kyerz avait tant d'influence que le village entier pensait par sa tête, et que l'on considérait comme une insolence de le contredire; mais Bartek était maintenant un vainqueur, et par conséquent une autorité. Cependant on le regardait avec étonnement, et même avec une certaine indignation.

— Quoi? Tu veux te disputer avec Matsei? A quoi penses-tu?

— Qu'est-ce que peut me faire Matsei? J'ai parlé à des hommes qui le valaient bien. Vous entendez? Est-ce que je n'ai pas parlé à Steinmetz? *Was?* Mais tout ce qu'invente Matsei est faux. Maintenant, nous serons mieux.

Le vieillard regardait Bartek.

— Oh! mais, tu es stupide! dit-il.

Bartek donna un tel coup de poing sur la table que les verres et les pots sautèrent.

— *Still der kerl da! Heu! Stroh!* (Silence, camarade! Foin! Paille!)

— Tiens-toi tranquille. Ne fais pas de scandale. Demande plutôt à un seigneur, et tu verras ce qu'il te dira.

— Le seigneur était-il à la guerre, ou ici? Moi, j'étais à la guerre. Ne le croyez pas, enfants. C'est au contraire maintenant qu'on va nous respecter. Qui a gagné la bataille? Nous! Moi! Maintenant, on me donnera tout ce que je demanderai. S'il me plaisait d'être propriétaire en France, je le serais demain. Le gouvernement sait bien quels sont les régiments qui se sont le mieux battus. Ce sont les nôtres; c'est écrit dans les ordres. Les Polonais sont bien vus partout, maintenant. Vous m'entendez?

Kyerz se frotta les mains, se leva et sortit. Bartek avait aussi la victoire sur le terrain politique. Les jeunes gens qui restaient maintenant avec lui l'admiraient comme un arc-en-ciel.

— Oui. Quoi que je demande on me le donnera. S'ils ne m'avaient pas eu! Kyerz est un vieux fou, vous m'entendez. Le gouvernement a commandé de se battre, battez-vous! Qui donc s'opposerait à moi? Un Allemand? Mais tout ceci?

Il montrait ses croix et ses médailles.

— Et pour qui ai-je battu les Français? Pour les Allemands, n'est-ce pas? Et maintenant je suis meilleur qu'un Allemand, car il n'y a pas un Allemand qui ait autant de médailles que moi. De la bière! J'ai causé avec Steinmetz et j'ai causé avec Podbielski. Apporte de la bière!

Tout se préparait pour une orgie. Bartek se mit à chanter :

> A boire! à boire! à boire!
> Tant que dans ma bourse
> Un thaler sonne!

Soudain, il tira de sa poche une poignée de *pfennigs*.

— Prends cela! Je suis un seigneur, maintenant. Tu n'en veux pas? Oh! ce n'est pas cette sorte de monnaie que nous prenions en France, mais elle est partie. Et nous avons brûlé et tué Dieu sait combien de francs-tireurs...

L'humeur des hommes ivres change sans qu'on sache pourquoi. Inopinément Bartek ramassa son argent et se mit à crier piteusement :

— O Dieu ! aie pitié de moi, pauvre pécheur !

Puis il mit ses coudes sur la table, cacha sa figure dans ses mains et demeura silencieux.

— Qu'est-ce que tu as? lui demanda un de ses compagnons.

— Qui me blâmerait? murmurait Bartek à voix sombre. Ils sont venus d'eux-mêmes. J'étais peiné pour eux, car tous deux étaient mes compatriotes. O Dieu ! sois clément. L'un des deux était aussi frais qu'une jeune fille, mais le lendemain matin il était aussi blanc qu'un drap. Et on les a couverts de terre, tous deux, pendant qu'ils vivaient encore. De l'eau-de-vie !

Un profond silence suivit. Les buveurs se regardaient avec étonnement.

— Qu'est-ce qu'il dit ?

— Il cause avec sa conscience.

— Sans guerre un homme boit, dit encore Bartek.

Il but deux verres d'eau-de-vie ; puis il se tut ; puis il cracha. Puis la bonne humeur lui revint subitement.

— Et vous, avez-vous causé avec Steinmetz ? Moi, j'ai causé avec lui. Hourrah ! A boire ! Qui paiera? Moi !

— C'est toi qui paieras, ivrogne? cria tout à coup la voix de Magda. Mais c'est moi qui te paierai ensuite.

Bartek regardait sa femme avec des yeux vitreux.

— Mais... as-tu causé avec Steinmetz? Qui es-tu?

Magda, au lieu de lui répondre, se tourna vers l'auditoire et gémit :

— O hommes! hommes! vous voyez ma honte et ma souffrance. Il est revenu. Je me réjouissais de son retour; mais il est rentré ivre, et ayant oublié Dieu, ayant oublié le polonais. Il s'est endormi; il s'est dégrisé, et le voilà qui boit encore, et qui paie avec ma sueur. Où as-tu pris cet argent? Est-ce que ce n'était pas ma fatigue, ma sueur de sang? O hommes! ce n'est plus un catholique! ce n'est plus un des vôtres. Il boit comme un Allemand; il baragouine comme un Allemand; il ne sait plus faire que le mal; c'est un....c'est un...

Ici la pauvre femme fondit en pleurs. Puis elle éleva sa voix un octave plus haut.

— Il était stupide, mais il était bon. Voyez ce qu'ils en ont fait. J'attendais après toi le soir; j'attendais le matin ; j'ai attendu jusqu'à ce que tu reviennes. Il n'y a plus de consolation; il n'y a plus de merci pour moi! Dieu de puissance! Dieu de patience! Puisses-tu te transformer en Prussien tout à fait !

Elle termina ces mots dans une seconde crise de larmes et de désespoir. Mais Bartek lui répondit simplement :

— Tiens-toi tranquille, ou je te tombe dessus.

— Frappe ! Coupe-moi la tête ! coupe-la tout
de suite. Tue-moi, assassin ! criait Magda, obsti-
nément, en tendant son cou.

Puis, se tournant vers les compagnons de Bartek :

— Et vous, hommes, soyez témoins !

Mais les hommes sortaient un à un. Bientôt
l'auberge fut vide ; il n'y resta que Bartek et sa
femme, le cou toujours tendu.

— Pourquoi sors-tu ta tête comme une oie ?
Rentre à la maison.

— Coupe !

— Je ne veux rien couper ! répondit Bartek.

Et il mit les mains dans ses poches.

Ici l'aubergiste, qui désirait mettre fin à l'incident, éteignit son unique chandelle. Il se fit tout-
à-coup de l'obscurité et du silence. Au bout d'un
certain temps on entendit encore la voix de Magda,
affaiblie :

— Coupe-moi la tête.

— Je ne veux rien couper ! répondit la voix
triomphante de Bartek.

Et sous la lumière de la lune, on vit bientôt
deux silhouettes qui s'en allaient de l'auberge à
la ferme ; l'une, en avant, se lamentait à voix
haute. C'était celle de Magda. Derrière elle, la tête
basse, marchait à une allure assez soumise le vainqueur de Gravelotte et de Sedan.

VII

Bartek rentra, mais si faible qu'il ne put travailler pendant quelques jours. Et c'était un grand malheur pour toute la maison, qui avait bien besoin de la main d'un homme. Magda en faisait le plus qu'elle pouvait, travaillant du matin jusqu'au soir. Leurs voisins, les Chemyenitski, les aidaient autant qu'il leur était possible, mais ce n'était pas suffisant, et le ménage s'en allait doucement à la ruine. Magda avait emprunté de l'argent à un homme de la colonie allemande nommé Just, qui avait acheté dans le temps quelques hectares de pauvre terre, et qui maintenant occupait une des plus hautes situations du pays, en prêtant son argent à gros intérêts. Il en avait prêté d'abord à Yarzynski, le seigneur du pays, et il en prêtait dès lors aux paysans. Magda lui devait depuis environ six mois quelques dizaines de thalers, qu'elle avait dépensés à la maison ou qu'elle avait envoyés à Bartek. Cependant ce n'était rien. Dieu avait envoyé de bonnes moissons, et des fruits qui allaient être récoltés, la dette pourrait être éteinte s'il se trouvait des mains pour travailler. Malheureusement Bartek ne le pouvait pas. Magda ne le croyait qu'à moitié, et alla jusqu'à consulter le prêtre pour savoir comment le réveiller, mais c'était la vérité. La respiration lui manquait dès qu'il faisait un ouvrage un peu dur, et le dos lui faisait mal. Il restait de longues journées assis devant la ferme, fumant une pipe de porcelaine sur laquelle se trouvait le portrait de Bismark en uniforme de cuirassier blanc. Bartek regardait le monde avec les yeux ensommeillés d'un homme qui a encore de la fatigue au fond des os. En même temps, il méditait un peu sur la guerre, un peu sur ses victoires, un peu sur Magda, un peu sur tout et un peu sur rien.

Un jour, il entendit de loin les pleurs de Franek.

Franek revenait de l'école, et sanglotait de manière a être entendu de tout le village. Bartek ôta sa pipe de sa bouche.

— Qu'est-ce que tu as, Franek ? Pourquoi pleures-tu ?

— Parce qu'on m'a donné une claque.

— Et qui, t'a donné une claque ?

— Monsieur Bœge.

M. Bœge remplissait les fonctions d'instituteur à Pognembin.

— Et quel droit avait-il de te donner une claque ?

— Il l'avait, puisqu'il m'a battu.

Magda, qui bêchait dans le jardin, arriva, son outil à la main.

— Qu'est-ce que tu as fait ?

— Rien. Mais M. Bœge m'a appelé cochon polonais, et il m'a donné une claque, et il m'a dit que maintenant qu'ils avaient battu les Français, ils allaient nous mater, parce qu'ils sont les plus forts. Mais, je ne lui ai rien fait. Il m'a seulement demandé quelle était la plus haute personne du monde. Et j'ai dit : « Le Saint Père ». Et M. Bœge m'a battu. J'ai crié, et il m'a appelé cochon polonais, et il m'a dit que maintenant qu'ils avaient battu les Français...

Franek répétait son histoire : « Et il m'a dit, et je lui ai dit... » Enfin Magda couvrit sa face de sa main, et se tournant vers Bartek, elle cria :

— Tu entends ! Tu entends ! Va-t-en, toi, battre les Français, et laisse un Allemand battre ton fils comme il ferait d'un chien. Va. Bats-toi ! Laisse battre ton enfant. Tu as ta récompense, maintenant !

Magda, émue de ses propres paroles, se mit à pleurer comme Franek. Bartek regardait devant lui, la bouche ouverte, et était si stupéfié qu'il ne pouvait pas parler. Par dessus tout, il ne pouvait rien comprendre à ce qui arrivait. Eh ! bien ? Et ses victoires ? Il resta longtemps sans rien dire. Enfin, quelque chose brilla dans ses yeux, et le sang monta à sa face. La surprise, aussi bien que la terreur, se transforme souvent en rage chez les gens simples. Bartek sauta de son banc et se mit en marche, les dents serrées.

— Je vais lui parler.

Ce n'était pas loin. L'école se trouvait juste derrière l'église. Bœge était à ce moment debout devant sa porte, entouré d'une bande de porcs auxquels il distribuait du pain. C'était un homme

grand, de cinquante ans environ ; une face avec
des yeux de poisson respirant l'orgueil et l'énergie.
Bartek vint tout auprès de lui.

— Pourquoi as-tu battu mon fils, Allemand ?

Was ?

Bœge recula de quelques pas, mesura Bartek
sans une ombre de peur dans le regard, et lui dit
simplement :

— Va-t-en.

— Pourquoi as-tu battu mon fils ? répéta Bartek.

— Je vais te battre toi-même, canaille polonaise.
Et nous allons voir qui sera le maître, ici. Va-t-en
au diable ! Va-t-en te plaindre au tribunal !
Dehors !

Bartek saisit l'instituteur par les épaules et se
mit à le secouer de telle façon que l'autre pouvait
à peine respirer. Il lui criait en même temps :

— Sais-tu qui je suis ? Sais-tu qui a battu les
Français ? Sais-tu qui a causé avec Steinmetz ?
Pourquoi battre mon fils, coquin, rustre ?

Les yeux de poisson de Bœge lui sortaient de la
tête ; mais c'était un homme solide ; il détermina
de se débarrasser de son agresseur d'un coup.

Et ce coup fut un coup de poing bien appliqué
sur le visage du vainqueur de Gravelotte et de
Sedan. Là-dessus, Bartek perdit tout sang-froid.
La tête de Bœge fut saisie par deux mouvements
rappelant les mouvements d'un balancier de pen-
dule, mais d'une rapidité beaucoup plus grande.
En Bartek, le terrible assommeur avait reparu.
C'est en vain que le jeune Oscar, fils de Bœge et

âgé de douze ans, fort comme son père, accourut à son secours. Une lutte s'engagea, courte et terrible, au cours de laquelle le fils fut jeté à terre, et le père soulevé en l'air. Bartek, à bras tendus, l'emportait, sans savoir où lui-même. Malheureusement, un baril se trouvait près de là, plein de toutes sortes de nourritures étranges préparées pour les gorets. L'instituteur y plongea la tête la première. Sa femme accourut.

— A l'aide ! Au secours !

La bonne femme, avec beaucoup de présence d'esprit, renversa le baril, et vida sur la chaussée tout ce qui s'y trouvait, son mari et la nourriture des cochons. Les colons Allemands se hâtaient déjà des maisons voisines pour secourir leur compatriote. Ils se jetèrent sur Bartek et se mirent à le frapper à coups de bâtons et à coups de poings. Un chaos général s'ensuivit au milieu duquel il eût été difficile de distinguer Bartek de ses ennemis. On ne voyait que des corps s'agitant convulsivement. Et tout-à-coup, Bartek s'élança de la masse des combattants, sauvage, et courant de toute sa force vers une haie. Les Allemands coururent après lui, mais à ce moment un craquement se fit entendre, et Bartek brandit une énorme massue qu'il venait d'arracher. Il se retourna, l'écume à la bouche, furieux, les bras hauts et l'arme menaçante. Tout le monde s'enfuit. Bartek poursuivit à son tour. Heureusement, il ne tua personne. Puis il revint à lui-même, et se mit en retraite vers sa ferme.

Alors ses ennemis se rallièrent et le pressèrent de nouveau. Il reculait lentement, comme un sanglier assailli par les chiens. Parfois, il se retournait et s'arrêtait ; les poursuivants suivaient fidèlement son exemple. La massue avait gagné leur respect le plus complet. Ils ramassèrent des pierres et les lancèrent. L'une d'elles atteignit Bartek au front. Il sentit qu'il allait faiblir. Il chancela pendant deux secondes, lâcha son arme et tomba.

— Hourrah ! crièrent les colons.

Mais avant qu'ils fussent-là, Bartek s'était déjà relevé. La prudence revint aux Allemands. Le loup blessé pouvait être dangereux encore. En outre, les maisons polonaises n'étaient pas loin, et des paysans accouraient à toute vitesse vers la scène du combat. Les colons se retirèrent vers la partie du village qu'ils habitaient.

— Qu'est-il arrivé ? demandèrent ceux qui arrivèrent les premiers auprès de Bartek.

— J'ai dressé les Allemands, répondit-il.

Et il s'évanouit.

VIII

L'affaire prit bientôt des proportions menaçantes.

Les journaux allemands insérèrent des articles fulminants contre les persécutions, dont de paisibles compatriotes avaient à souffrir de la part d'une masse ignorante et barbare, excitée par des agitateurs anti-aristocrates et par le fanatisme religieux. Bœge devint un héros. Lui, l'instituteur si doux et si bienveillant, qui s'exilait aux frontières de l'Etat pour y vulgariser l'instruction ; lui, le véritable missionnaire de lumière au milieu de sauvages, était la première victime de leur furie. Il était heureux que derrière lui se trouvassent cent millions d'Allemands, qui ne permettraient pas... etc...

Bartek ne se doutait pas de l'importance de l'orage qui se formait au-dessus de sa tête ; mais c'était un bon cœur, et il était certain d'avoir gain de cause devant le tribunal. Bœge avait frappé son fils et l'avait frappé lui-même le premier ; puis tant d'autres l'avaient attaqué à la fois. Il s'était trouvé en cas de légitime défense. En outre, on lui avait ouvert la tête d'un coup de pierre. Et quelle tête? La tête d'un homme cité à maint ordre du jour, la tête de l'homme qui avait gagné la bataille de Gravelotte, qui avait causé avec Steinmetz lui-même, et qui portait tant de croix. On finirait bien par savoir qui il était, ce qu'il avait fait à la guerre. Et si au pis aller personne ne prenait son parti, Steinmetz le prendrait. D'autre part, Bartek était devenu pauvre, pendant la guerre ; sa ferme était engagée ; on ne lui dénierait pas la justice.

Cependant la police vint à Pognembin. Elle s'attendait à une résistance terrible et se présenta les fusils chargés. Mais elle s'était trompée. Bartek ne songeait pas à la résistance. On lui ordonna de monter dans une voiture ; il y monta. Magda était au désespoir. Elle répétait :

— Ah ! quel besoin y avait-il de tant battre les Français ? Tu as ce que tu voulais, maintenant, pauvre homme... Tu as ce que tu voulais !

— Tais-toi, lui répondait Bartek.

Et il souriait à ceux qu'il rencontrait.

— Je vais leur montrer qui a eu tort, disait-il.

C'est chamarré de toutes ses croix qu'il se présenta devant le Tribunal. Et de fait, le tribunal se montra indulgent, puisqu'il lui accorda le bénéfice des circonstances atténuantes. Bartek fut condamné à trois mois d'emprisonnement ; en outre, il lui fallait payer cent cinquante marks à la famille Bœge et aux autres colons malmenés, à titre de dommages et intérêts.

« Le criminel, cependant, dit la *Posener Zeitung* (la Gazette de Posen) dans son compte-rendu, le criminel n'a fait preuve d'aucun repentir quand la sentence lui a été lue. Il a éclaté, au contraire, en injures violentes, a reproché au pays ses prétendus services, de telle sorte qu'il est surprenant que le procureur n'ait pas ouvert immédiatement contre lui de nouvelles poursuites. »

Cependant Bartek, en prison, méditait à loisir sur ses hauts faits de Gravelotte, de Sedan et de Paris. Nous serions injustes, toutefois, en n'a-

vouant pas que la conduite de Bœge était com-
mentée dans le public. Elle l'était, elle l'était. Par
un certain matin pluvieux, les membres polonais
du Parlement montrèrent éloquemment à quel
point le traitement envers les habitants de Poznan
avait changé. Que, pour la bravoure des régiments
polonais pendant la guerre et les pertes subies par
eux, il conviendrait de penser un peu plus à leurs
droits. Enfin, que Bœge avait abusé de sa situation
d'instituteur à Pognembin, en frappant les enfants
polonais, en les appelant porcs, et en affirmant
qu'après une pareille guerre on userait avec plus
de violence, vis-à-vis des habitants originaires, du
droit du plus fort.

Pendant que les députés parlaient, la pluie tombait ; et, comme l'ennui avait saisi tout le monde,
tout le monde bâillait.

Et en réponse à ces beaux discours, l'Assemblée
reprit l'ordre du jour.

Pendant ce temps, Bartek était assis dans sa prison, ou plutôt couché à l'hôpital de la prison, car
son coup de pierre avait fait rouvrir la blessure
qu'il avait reçue pendant la guerre. Quand il n'a-
vait pas la fièvre, il pensait comme cette dinde de
Turquie qui était morte d'avoir pensé. Bartek ne
mourut cependant pas, car il ne sortait pas grand'
chose de ses méditations. Mais il lui arriva, dans
ces moments que la science appelle des intervalles
lucides, de songer que peut-être il s'était battu
contre la France sans nécessité.

Et pour Magda des temps cruels étaient arrivés.

Il fallait payer l'amende, et elle ne savait pas où
trouver l'argent. Le curé de Pognembin aurait
voulu l'aider, mais il n'avait pas quarante marks
dans son propre trésor. La paroisse était pauvre,
et le vieillard ne savait jamais comment son argent était dépensé. Le seigneur du pays, Yarzinsky,
n'était pas là ; on disait qu'il était parti dans le
royaume demander une riche jeune fille en mariage. Magda ne savait pas quoi faire. Il ne fallait
pas songer à obtenir de délai. Alors, vendre le cheval ou une vache ? Et c'était juste avant les moissons... la période la plus difficile. On allait couper
les blés. La pauvre femme avait besoin d'argent
et avait dépensé tout ce qui lui restait. Elle se tor-
dait les mains de désespoir ; elle envoyait des péti-
tions à la Cour ; elle suppliait, elle racontait les
services de son mari. On ne lui répondait même
pas. Le terme approchait, et avec le terme l'exécu-
tion. Elle priait et priait, songeant avec amertume
au temps d'avant la guerre où ils étaient riches,
et où Bartek gagnait de l'argent en hiver, au moulin. Elle alla trouver ses amis pour leur emprunter
de l'argent ; ils n'en avaient pas. La guerre avait
tout payé avec des marques de distinction. Elle
n'osait pas aller chez Just, car elle lui devait déjà,
et ne lui avait même pas payé les intérêts de sa
dette. Et c'est Just qui vint à elle, inopinément.

Un certain après-midi, elle était assise sur le
seuil de sa maisonnette, et inoccupée, car le désespoir lui enlevait toute sa force. Elle regardait machinalement en l'air le vol des abeilles, et elle son-

geait que ces insectes sont bien heureux, qui n'ont
qu'à jouer, et qui ne pleurent jamais. Par instants,
elle poussait de profonds soupirs, et de ses lèvres
pâlies sortait cette exclamation involontaire : —
O ! Dieu ! O ! Dieu !

Tout à coup, devant la grille, apparut le grand
nez de Just, sous lequel pendait une pipe. Et Just
parla :

— Bonjour !

— Comment allez-vous, monsieur Just ?

— Et mon argent ?

— Oh ! mon bon monsieur Just, soyez patient.
Que puis-je faire, moi, pauvre femme ? On m'a
pris mon mari, il faut que je paie l'amende pour
lui, je ne sais plus quoi faire. Il vaudrait mieux
mourir que souffrir comme je souffre. Attendez un
peu, mon bon monsieur Just.

Elle éclata en pleurs, et, se penchant, baisa avec
soumission la patte rouge de l'usurier.

— Monsieur Yarzinski va revenir ; il me prêtera
de l'argent, et je vous paierai.

— Mais comment paierez-vous l'amende ?

— Comment la paierais-je, à moins de vendre
une vache ?

— Eh bien, je vais vous prêter encore de l'argent.

— Que le Seigneur vous récompense, mon bon
monsieur. Bien que vous soyez luthérien, vous
êtes un brave homme. Je dis que si tous les Allemands étaient comme vous, il faudrait les bénir.

— Mais je ne vous le prêterai pas sans intérêt.

— Je sais. Je sais.

— Alors, vous me ferez un billet pour tout ce que vous me devez ?

— Je le ferai. Que Dieu vous récompense, même de cela. —

— Je vais à la ville et j'en rapporterai le papier.

Il alla à la ville et il en rapporta le papier ; mais pendant ce temps Magda était allée prendre conseil du curé. Celui-ci dit que le terme était trop court, que l'intérêt était trop élevé. Il trouva très malheureux que Yarzinsky ne fût pas là, car s'il eût été là, il aurait pu aider. Mais Magda ne pouvait pas attendre jusqu'à ce que la justice fît vendre tout chez elle, et elle fut obligée d'accepter les conditions de Just.

Elle emprunta trois cents marks, c'est-à-dire deux fois ce qu'il lui fallait pour l'amende, car elle avait besoin d'argent à la maison pour les travaux prochains. Bartek, qui devait approuver l'acte et le signer pour qu'il fût valable, n'y vit aucun inconvénient. Magda était allée le voir à la prison. Le victorieux était maintenant gravement accablé, écrasé et malade. Il avait écrit des suppliques et exposé ses griefs. Mais on n'y avait donné aucune suite. Les articles de la *Posener Zeitung* avaient trop gravement indisposé le Gouvernement contre lui.

— Nous sommes perdus, dit-il à sa femme.

— Tout-à-fait perdus, lui répondit-elle.

Puis il parut songer à quelque chose, puissamment.

— Je me suis terriblement trompé, dit-il.

— Bœge tourmente l'enfant. J'ai voulu le lui reprocher ; il m'a reçue avec insolence. « — Oh ! a-t-il dit, les Allemands sont les plus forts à Poznan, maintenant. Ils ne craignent plus personne.

— Est-ce sûr, qu'ils soient les plus forts ? demanda Bartek sombre.

— Je ne suis qu'une simple femme, mais je crois Dieu plus fort qu'eux.

— Il est notre seul refuge, ajouta Bartek.

Tous deux restèrent silencieux pendant quelque temps. Puis Magda s'éloigna, triste pour l'avenir, qu'elle voyait sombre, et consolée un peu d'avoir pu causer avec son Bartek qu'elle rudoyait, qu'elle malmenait, dont la bêtise avait fait son malheur, sans doute, mais qu'elle aimait à cause des cruelles injustices qui avaient fondu sur lui.

———

IX

Huit jours après sa première visite à l'hôpital de la prison, elle y accourait de nouveau, haletante, heureuse, radieuse.

— Comment vas-tu ? Bartek ! païen ! criait-elle avec joie. Le seigneur Yarzinski est revenu. Le savais-tu ? Il s'est marié dans le royaume. Sa

femme est une cerise. Et elle lui a apporté toutes
sortes de biens.

— Eh ! bien ? Qu'est-ce que cela peut nous
faire ?

— Tais-toi, fou. Je suis allée saluer la nouvelle
maîtresse. Je l'ai regardée, et j'ai cru voir une
reine. Et si jeune ! Fraîche comme l'aurore.

Magda s'essuya le visage de son tablier. Puis
elle reprit, d'une voix brisée :

— Elle portait une robe bleu de ciel. Je suis
tombée à ses pieds, et elle m'a donné sa main. Je
l'ai baisée. Ses mains sont aussi douces et aussi
petites que des mains d'enfant. Elle ressemble à
une sainte dans une peinture. Et elle est bonne ! Et
elle comprend les souffrances du peuple. J'ai commencé par la supplier de nous sauver, et que Dieu
la récompenserait. Et elle a dit : « Je ferai ce qui
sera en mon pouvoir ». Oh ! la chère voix ! Quand
elle parle, tu te sens tout entouré de douceur.
Quand je lui ai dit combien le peuple de Pognembin était malheureux, elle s'est écriée : « Ah ! il n'y
a pas qu'ici ! ». Et quand je me suis mise à pleurer, elle a pleuré aussi, tellement que son mari
est venu voir pourquoi nous pleurions. Alors, il l'a
prise, l'a embrassée aux lèvres et aux yeux. Les
seigneurs ne sont pas comme nous autres paysans.
Puis elle lui a dit : « Fais ce que tu pourras pour
cette femme ». Et il a répondu : « Je suis prêt à
faire tout ce que tu désires au monde. » Que la
Mère de Dieu la bénisse, la cerise d'or ! Qu'elle lui
accorde des enfants et la santé ! « Vous avez eu

grand tort, a dit encore son mari, de vous mettre
entre les mains d'un Allemand ; mais je vous sau-
verai ; je vous donnerai l'argent que vous devez à
Just. »

Bartek se grattait le nez.

— Mais lui aussi est dans les mains de l'Allemand ?

— Qu'est-ce que cela fait ? La jeune femme est
riche. Aujourd'hui, il peut acheter tous les Allemands de Pognembin. « L'élection est proche, a-t-
il dit ; que le peuple se garde bien de voter pour
un Allemand. Je donnerai l'argent pour Just, et
j'apprivoiserai Bœge. » Et la dame a mis ses bras
autour de son cou. Et il a demandé après toi. Il a
dit : « S'il est faible, je vais demander un certificat au docteur pour qu'il ne termine pas sa peine
à présent. Il la terminera en hiver, mais au moins
vous l'aurez pour la moisson ». Comprends-tu ?
Hier, il était à la ville, et aujourd'hui le docteur va
venir à Pognembin pour une visite. Ce n'est pas
un Allemand ; il écrira le certificat. En hiver, tu
seras dans ta prison comme un roi dans son
château ; tu auras chaud ; tu auras à manger pour
rien. Et maintenant tu vas venir travailler à la
maison. Et nous paierons Just. Et peut-être le Seigneur ne demandera-t-il aucun intérêt ? Et si nous
ne pouvons pas tout payer à l'automne, je parlerai
à la dame. Que la Mère de Dieu la récompense !
M'entends-tu ?

— C'est une bonne femme ; il n'y a rien à dire
contre cela, dit Bartek vivement.

— Tu vas tomber à ses pieds ; tu y tomberas ;
sinon je te coupe ta vilaine tête jaune. Si Dieu nous
donne une bonne moisson… Et tu vois d'où nous
vient le secours ? Pas des Allemands ! Ils ne t'ont
pas donné un pfennig pour ta stupide besogne.
Ils t'ont donné un coup sur la tête. Et c'est tout.
Tu tomberas aux pieds de la dame, je te dis !

— Pourquoi n'y pas tomber ? répondit Bartek,
résolument.

Le destin semblait de nouveau sourire au victorieux. Quelques jours plus tard on lui annonçait
qu'il était libéré, jusqu'à l'hiver, pour raisons de
santé. Mais le Conseil régional (Landrath) ordonnait à Bartek de comparaître devant lui. Bartek y
vint avec son âme sur les lèvres. Cet homme qui,
la baïonnette à la main, prenait des drapeaux et
des canons, commençait à craindre un uniforme
plus que la mort ; il commençait à porter dans son
cœur une conviction sourde qu'on le persécutait,
qu'on pouvait faire de lui tout ce qu'on voulait,
qu'il y avait au-dessus de lui une sorte de pouvoir
hostile, énorme et malveillant, qui le broierait s'il
ne se laissait pas faire. Il se tint donc devant le
Landrath, comme il se tenait autrefois devant
Steinmetz, droit, l'estomac rentré, la poitrine en
avant, sans respiration, presque. Il y avait là un
certain nombre d'officiers ; la guerre et la discipline se dressaient devant Bartek comme si elles
eussent été vivantes. Les officiers le regardaient à
travers leurs binocles, avec tout le mépris qu'ils
avaient le droit de montrer à un simple soldat et à

un paysan polonais. Bartek n'osait pas souffler, et
on lui parla sur le ton du commandement. On ne
le priait pas, on ne le persuadait pas ; on menaçait,
on le mettait en demeure. Un député était mort à
Berlin ; une nouvelle élection était ordonnée.

— *Du, polnisches Vieh* (toi, brute polonaise)
essaie de voter pour Yarzynski ! Essaie !

Les sourcils des officiers étaient contractés à ce
moment de terrible façon. L'un d'eux, mordant un
cigare, répéta :

— Essaie !

La respiration mourut dans la poitrine de Bartek
le victorieux. Quand il entendit le tant désiré
« Heraus » (dehors), il fit un demi-tour à gauche,
sortit, et osa souffler.

On lui avait donné l'ordre de voter pour Schulberg, du Haut Kryvda. Il ne songeait pas à cet
ordre, mais il respirait, car il pouvait être à Pognembin pour la moisson. Le seigneur Yarzynski avait
promis de payer Just. Bartek sortit de la ville. Il
était entouré de champs, de grain mûr. Les épis
lourds se heurtaient sous la poussée de la brise,
avec un bruit cher à l'oreille du paysan. Bartek
était encore faible, mais le soleil le réchauffait.

— Comme le monde est beau ! songeait l'ancien
soldat.

Il n'était plus loin de Pognembin.

X

Les élections ! Les élections ! La jeune mariée en avait la tête pleine. Elle ne pensait plus ; elle ne parlait plus ; elle ne rêvait plus à autre chose.

— Notre dame et bienfaitrice est un grand politicien, lui disait un voisin noble en baisant sa main blanche.

Et le grand politicien rougissait comme une cerise, et répondait avec un joli sourire :

— Nous faisons de l'agitation aussi loin que cela nous est possible.

— Votre mari sera élu, disait le noble avec conviction. — Et le grand politicien répondait :

— Je le souhaiterais vivement, non seulement pour le triomphe de mon mari, mais pour celui de la cause du peuple.

Son mari faisait la campagne au dehors, et la petite femme la faisait à Pognembin, sans compter ses peines. Sa tête était en feu de l'importance d'un tel rôle. Chaque jour on la voyait sur la grande route, parmi les fermes, sa robe relevée d'une main, sa petite ombrelle de l'autre, et trottant pour les objets politiques les plus graves. Elle entrait dans les maisons, visitait les malades, s'occupait, aidait quand elle le pouvait. Elle discourait, aussi, et disait tant de mal des Allemands que ses conseillers devaient la contenir. On la recevait avec joie ; on lui baisait les mains ; on lui souriait. Elle était si jolie, si rose, que quand elle entrait dans une chambre elle l'éclairait.

Elle vint un jour à la ferme de Bartek. Lysek ne la voulait pas laisser entrer, mais Magda en colère lui donna un grand coup de bâton sur la tête.

— O! bonne dame! fleur d'or! ma beauté! criait Magda.

Bartek, pour obéir à sa femme, tomba aux pieds de la bienfaitrice; le petit Franek fut le premier à lui baiser les mains, puis il mit un doigt dans sa bouche et s'enterra dans un coin d'ombre, éperdu d'admiration.

— J'espère, dit la jeune dame après les salutations, j'espère, mon Bartek, que vous voterez pour mon mari, et non pour Schulberg?

— Oh! mon aurore, cria Magda, qui donc voudrait voter pour Schulberg? Que la paralysie l'étouffe! (Elle baisa la main de la jeune femme). Ne vous mettez pas en colère. Quand on me parle d'un Allemand, je ne peux pas tenir ma langue.

— Mon mari m'a dit qu'il paierait Just.

— Que Dieu le bénisse!

Puis se tournant vers Bartek:

— Pouquoi te tiens-tu droit comme un poteau? Excusez-le, madame; il est terriblement silencieux.

— Vous voterez pour mon mari, n'est-ce pas? Vous êtes polonais; nous sommes polonais: nous devons nous soutenir les uns les autres.

— Je lui couperais la tête s'il votait autrement,

dit Magda. Mais remue donc ! Il est terriblement silencieux. Allons !

Bartek baisa la main de la jeune femme, mais il resta silencieux et sombre comme la nuit. Il pensait au Landrath.

. . . .

Le jour des élections arrive. Il est venu. Yarzynski est certain de la victoire. Les nobles sont revenus de la ville ; ils ont déjà voté et veulent attendre à Pognembin les nouvelles que le prêtre apportera. Il y aura ensuite un dîner ; le soir, les Yarzynski iront à Poznan, puis de là, à Berlin. Quelques villages du district ont voté la veille ; le résultat sera connu aujourd'hui. La compagnie, cependant, est en bon esprit. La jeune femme est un peu troublée, mais pleine d'espérances et de sourires. C'est une femme si charmante, que tout le monde dit : « Yarzynski a trouvé un véritable trésor dans le Royaume ». Ce trésor ne peut pas rester en place, pour le moment ; il court d'un hôte à l'autre, et demande à chacun l'assurance que « Yozio sera élu ». Ce n'est pas qu'elle soit ambitieuse, mais elle a mis dans sa tête qu'elle et son mari ont une mission à remplir. Son cœur bat, en conséquence, aussi rapidement qu'au jour de son mariage, et la joie rayonne sur son joli visage.

C'est un député polonais qui est mort, et c'est la première fois que les Allemands osent porter un candidat en terre polonaise. La guerre leur a probablement donné cette audace. Mais la partie est importante, et il importe à tous les Polonais que l'Allemand soit battu, pour ne pas compter un défenseur de moins et un ennemi de plus au Parlement.

Et l'on saura bientôt à quoi s'en tenir, car un nuage de poussière s'élève sur la route.

— Le prêtre arrive ! Le prêtre arrive !

La jeune femme devient pâle. Sur tous les visages l'excitation est évidente. Tout le monde est certain de la victoire, mais la dernière minute précipite le battement des cœurs. Mais ce n'est pas le prêtre, c'est l'intendant qui revient à cheval de la ville. Peut-être sait-il quelque chose. Il attache son cheval et court vers la maison. Les hôtes et la jeune femme s'élancent au devant de lui.

— Avez-vous des nouvelles ? Notre hôte est-il élu ? Quoi ? Venez ici ! Vous le savez, certainement ! Le résultat est-il proclamé ?

Les questions se croisent et tombent toutes ensemble. L'intendant jette son bonnet en l'air et crie :

— Notre seigneur est élu !

La jeune femme tombe sur le banc et presse de ses deux mains sa poitrine.

— Vivat ! vivat ! crient les voisins. Vivat !

Les serviteurs sortent en chaos de la cuisine :

— Vivat ! les Allemands sont battus ! Longue vie au nouveau député et à sa femme.

— Mais le prêtre ? demanda quelqu'un.

— Il sera bientôt ici, dit l'intendant. On compte les derniers bulletins.

— A table! crie le nouveau député.

Tout le monde rentre dans la maison. Les congratulations sont maintenant plus calmes, mais la jeune femme ne peut contenir sa joie, et sans penser aux spectateurs elle jette les bras au cou de son mari.

A ce moment la porte s'ouvre; le prêtre entre, suivi du vieux Kyerz, de Pognembin.

— Salut! Salut! Eh! bien? Quelle est la majorité?

Le prêtre regarde un instant tout le monde, puis d'une voix brève:

— Schulberg est élu!

Un instant d'étonnememt, puis un tumulte de questions, auxquelles le prêtre répond encore:

— Schulberg est élu.

— Comment? Comment est-ce arrivé? De quelle manière? L'intendant disait le contraire! Qu'est-il arrivé?

A ce moment Yarzynski conduisit hors de la salle sa femme, qui déchirait son mouchoir avec ses dents pour ne pas éclater en pleurs ou pour ne pas s'évanouir.

— O malheur! malheur! répétaient les hôtes en s'arrachant les cheveux.

A ce moment vinrent du village des cris joyeux. C'étaient les Allemands de Pognembin qui allaient partout chanter leur victoire.

Les Yarzynski rentrèrent dans la salle. On put entendre le jeune homme qui disait en français à sa femme:

— Il faut faire bon visage.

Et de fait, elle ne pleura pas plus longtemps.

— Dites-nous comment c'est arrivé, dit l'hôte.

— Comment en aurait-il pu être autrement, seigneur, lorsque les paysans d'ici, de Pognembin, votaient pour Schulberg ?

— Comment ?... Ceux d'ici ?... Comment ?...

— Ils l'ont fait. J'ai vu moi-même, et tout le monde a vu, Bartek Slovik voter pour votre concurrent.

— Bartek ? dit la jeune femme.

— Certainement. Les autres le raillent ; il se roule à terre ; il pleure ; sa femme le frappe. Mais j'ai vu de mes yeux comment il votait.

— Un homme pareil devrait être chassé du village, dit un voisin de Mizerov.

— Eh ! bien, Seigneur, dit le vieux Kyerz, tous ceux qui sont allés à la guerre ont voté comme Bartek. Ils disent qu'on le leur a commandé.

— Abus ! Abus ! L'élection n'est pas valable. Contrainte ! Fraude ! crièrent plusieurs voix.

Le dîner ne fut pas joyeux ce soir-là, au château de Pognembin. Le soir, les Yarzynski partirent, mais non pas pour Berlin, pour Dresde.

Misérable, maudit, méprisé et haï, Bartek était assis dans sa maison, un étranger même pour sa femme, car il n'avait dit un mot à personne, même à elle, de tout le jour.

. . . .

La moisson fut heureuse, et à l'automne Just, qui maintenant avait pris possession du bien de Bartek, se frottait les mains d'avoir fait une assez bonne affaire.

Un certain jour trois personnes s'en allaient de Pognembin à la ville : un homme, une femme et un enfant. L'homme, gravement courbé, ressemblait plus à un vieillard qu'à un être dans la force de l'âge. Ils s'en allaient à la ville, car à Pognembin ils ne pouvaient plus trouver de travail. La pluie tombait ; la femme sanglotait ; l'homme restait silencieux. La route était déserte ; ni un chariot ni un homme... rien que la croix dressée sur le côté du chemin, les bras mouillés. La pluie tomba de plus en plus fort, et les ténèbres s'étendirent sur le monde.

Bartek, Magda et Franek allaient à la ville ; le vainqueur de Gravelotte et de Sedan avait encore de la prison à purger pour l'affaire Bœge.

Les Yarzynski ont continué de vivre à Dresde.

———

LE GARDIEN DU PHARE D'ASPINWALL

CHAPITRE PREMIER

Il arriva une fois que le gardien du phare d'Aspinwall, non loin de Panama, disparut sans laisser de traces. Comme c'était en temps de tempête, on supposa que l'infortuné s'était trop approché du bord de l'îlot rocheux qu'il habitait, et qu'il s'était fait enlever par une lame. Et cette supposition était d'autant plus vraisemblable qu'on ne retrouva pas non plus la petite barque dont il avait la disposition.

La place de gardien du phare était donc vacante, et il était urgent qu'elle ne le restât pas longtemps, le phare d'Aspinwall étant excessivement important, soit pour le mouvement maritime local, soit pour indiquer la route aux navires entre New-York et Panama. La baie du Moustique abonde en

bancs de sable et en écueils. Entre eux, la naviga-
tion est difficile même en plein jour, mais la nuit,
et spécialement avec les brouillards si fréquents
sur ces eaux chauffées par le soleil des tropiques,
elle est à peu près impossible. Il n'y a alors que sur
le phare que les bâtiments puissent se guider.

La tâche de trouver un remplaçant pour le gardien disparu incombait au Consul des États-Unis
en résidence à Panama, et cette tâche n'était pas
aisée à remplir ; primo, parce qu'il fallait absolument trouver quelqu'un en douze heures, et secundo
parce qu'il était nécessaire de découvrir un homme
extraordinairement consciencieux. Il n'était donc
pas possible de prendre le premier venu. Enfin,
il y avait défaut absolu de candidats. La vie dans
un phare n'est pas facile, et elle n'est en outre pas
faite pour plaire aux habitants du Sud, qui aiment
leur paresse et leur liberté. Le gardien du phare
est presqu'un prisonnier. Il ne peut quitter
son rocher que le dimanche. Une barque d'Aspinwall lui apporte des provisions et de l'eau une
fois par jour, et s'en retourne immédiatement.
L'île n'a pas un hectare de superficie, et elle est
entièrement déserte. Le gardien vit dans le phare ;
il le tient en ordre. Pendant le jour, il fait des si-
gnaux avec des pavillons de diverses couleurs
pour indiquer les variations du baromètre, et le
soir il allume la lanterne. Ce ne serait pas un travail excessif, s'il ne fallait pas, à chaque opération,
monter un escalier de plus de quatre cent marches
très hautes ; mais à la longue cela devient très

fatigant. C'est la vie d'un moine, que mène le gardien du phare d'Aspinwall, et même la vie d'un ermite.

Il n'était pas étonnant, dès lors, que M. Isaac Falconbridge se trouvât dans une grande anxiété, et se demandât où il pourrait bien rencontrer un successeur permanent pour le dernier gardien ; et il est aisé d'admettre quelle fut sa joie lorsqu'un candidat s'annonça inopinément le même jour. C'était un homme déjà âgé, soixante-dix ans ou davantage, mais frais, droit, avec les mouvements et l'attitude d'un soldat. Ses cheveux étaient entièrement blancs ; son visage était aussi brun que celui d'un créole, mais à en juger par ses yeux bleus, il n'appartenait pas à une nation du Sud. La face était légèrement sombre et triste, mais honnête. Il plut du premier coup d'œil à Falconbridge. Il restait seulement à l'examiner. La conversation suivante commença :

— D'où êtes-vous ?

— Je suis Polonais.

— Où avez-vous travaillé jusqu'à aujourd'hui ?

— A un endroit ou à l'autre.

— Un gardien de phare doit aimer à rester en place.

— J'ai besoin de repos.

— Avez-vous servi ? Avez-vous des certificats honorables ?

Le vieil homme tira de sa poitrine un morceau de soie fanée qui ressemblait à un lambeau de drapeau, le déplia, et dit :

— Voici mes certificats. J'ai reçu cette croix en 1830. Cette seconde est espagnole, de la guerre carliste; la troisième est la Légion d'honneur française; j'ai reçu la quatrième en Hongrie. Ensuite, je me suis battu avec les Etats contre le Sud; mais là on ne donnait pas de croix.

Falconbridge prit le papier et le lut.

— Hum ! Skavinski !... C'est votre nom ?... Hum ! Trois drapeaux capturés dans une attaque à la baïonnette ! Vous étiez un galant soldat.

— Je puis aussi faire un gardien de phare consciencieux.

— Il faut grimper la tour souvent dans la journée. Avez-vous les jambes solides ?

— J'ai traversé la Prairie à pied. (On appelle la Prairie les steppes immenses qui séparent l'Est de la Californie).

— Connaissez-vous le service de mer ?

— J'ai été harponneur pendant trois ans.

— Vous avez fait beaucoup de métiers ?

— Le seul que je ne connaisse pas est celui où l'on se repose.

— Comment cela se fait-il ?

Le vieillard secoua les épaules :

— Tel est mon destin.

— Encore me semblez-vous bien vieux pour être gardien de phare.

— Monsieur, dit soudain le candidat d'une voix émue, je suis grandement las; je suis à peu près rendu. J'ai passé par beaucoup d'épreuves, comme vous voyez. Cette place est une de celles que j'aie convoitées le plus ardemment. Je suis vieux ; j'ai besoin de repos. J'ai besoin de me dire à moi-même : « C'est ici le port ; c'est ici que tu resteras. » Ah ! Monsieur, cela dépend uniquement de vous. Je ne retrouverai peut-être jamais une chance pareille. Quel bonheur pour moi d'être venu à Panama ! Je vous le jure, je suis comme un vaisseau qui sera perdu s'il manque le port. S'il vous plaît de rendre un vieil homme heureux…, je vous jure que je suis honnête, mais… je suis si las d'errer.

Les yeux bleus du vieil inconnu exprimaient une telle sincérité que Falconbridge, qui avait un cœur simple et bon, fut touché.

— C'est bien, dit-il, je vous prends. Vous êtes gardien du phare.

Le visage de l'homme brilla soudain d'une inexprimable joie.

— Merci.

— Pouvez-vous vous rendre à la tour aujourd'hui ?

— Je le puis.

— Au revoir donc. Un dernier mot : pour n'importe quelle faute dans le service vous serez congédié.

— C'est bien.

Le même soir, quand le soleil fut descendu de l'autre côté de l'isthme, et que le jour brillant fut remplacé par une nuit sans crépuscule, le nouveau gardien était à son poste, puisque le phare jetait ses rayons lumineux sur les eaux comme à l'habitude. La nuit était parfaitement calme et silencieuse ; une véritable nuit des tropiques, emplie d'une vapeur transparente qui formait autour de la lune un immense halo aux bords dégradés ; la mer ne semblait remuer qu'en raison du flux.

Skavinski, sur le balcon de la tour, avait l'air d'un petit point noir. Il cherchait à rassembler ses pensées et à s'accoutumer à sa nouvelle position, mais son esprit était trop troublé pour fonctionner avec régularité. Il ressentait l'impression que doit ressentir une bête sauvage quand elle échappe à la poursuite à la faveur de quelque roc inaccessible ou de quelque caverne. Enfin, une heure de quiétude lui était advenue ; un sentiment de sécurité remplissait son âme de béatitude. Il pouvait, maintenant, rire de ses vagabondages passés, de ses malheurs et de ses déboires. Il était en vérité comme un navire dont les mâts, les cordages et les voiles ont été brisés par la tempête ; que la mer couvre d'eau et d'écume, mais qui cependant trouvera son chemin vers le port. Et les tableaux de l'orage ancien passaient rapidement devant son esprit, tandis qu'il les comparait avec le calme de l'avenir qui commençait à présent.

C'est qu'il n'avait raconté qu'une partie de ses aventures à Falconbridge ; c'est qu'il n'avait pas mentionné un millier d'autres incidents. Sa mauvaise fortune avait été telle, que chaque fois qu'il avait fixé sa tente et allumé son feu quelque part, un vent de tempête avait immédiatement arraché

les piquets de sa tente, éparpillé son feu et l'avait
mis lui-même en péril de destruction.

Et maintenant que du haut de sa tour il sur-
veillait les lames phosphorescentes, les incidents
de sa vie vagabonde remontaient l'un après l'autre
à son souvenir. Il avait fait campagne aux quatre
coins du monde, et sa vie errante avait essayé
presque toutes les occupations. Travailleur et honnête, plus d'une fois il avait amassé de l'argent ;
chaque fois il l'avait perdu en dépit de toute prudence et de toute précaution. Il avait été chercheur
d'or en Australie, chercheur de diamants en Afri-
que, soldat dans le service public des Indes Orien-
tales. Il avait établi une auberge en Californie :
une inondation l'avait ruiné ; il avait essayé de
faire le commerce avec les tribus sauvages de l'intérieur du Brésil : son bateau avait fait naufrage sur l'Amazone ; tout seul, sans armes, presque nu, il avait erré dans les forêts pendant des
semaines, vivant de fruits sauvages et exposé à
chaque instant à la mort par la dent des bêtes sauvages. Il avait établi une forge à Hélène, dans
l'Arkansas : cette forge avait disparu dans un incendie qui avait détruit la ville presque tout entière. Bientôt après, il tombait entre les mains des
Indiens des Montagnes Rocheuses, et n'était sauvé
que grâce à un miracle par des trappeurs cana-
diens. Alors, il avait servi comme matelot sur un
navire faisant la route entre Bahia et Bordeaux,
puis comme harponneur sur un baleinier : les deux
bâtiments avaient fait naufrage. Il avait établi une

manufacture de cigares à La Havane : son associé l'avait dévalisé pendant que lui-même gisait sur son lit avec le vomito-negro. Enfin, il était venu à Aspinwall, où il devait trouver la fin de ses mésaventures... car, que pouvait-il lui arriver sur son roc? De qui pouvait-il avoir quelque chose à craindre, de l'eau, du feu, ou des hommes? Des hommes, Skavinski n'avait pas beaucoup souffert; il en avait trouvé plus de bons que de mauvais.

Mais il lui semblait que les quatre éléments se fussent ligués pour le persécuter. Ceux qui le connaissaient disaient qu'il n'avait pas de chance, et par ces mots expliquaient toutes choses. Mais lui était devenu quelque chose comme un monomaniaque. Il croyait que quelque main puissante et vengeresse le poursuivait partout, sur la terre et sur les eaux. Il n'aimait toutefois pas à en parler, et parfois, si quelqu'un lui demandait ce que pouvait bien être cette main, il désignait mystérieusement l'étoile polaire, et disait :

— Elle vient de là !

En vérité, sa malechance avait été si continuelle qu'elle en devenait surprenante, et il n'était rien d'étonnant à ce que le pauvre homme en eût la cervelle quelque peu dérangée. Mais Skavinski avait la patience d'un Indien, et ce grand et calme pouvoir de résistance qui vient de la sincérité du cœur. Il lui était arrivé de recevoir en Hongrie un assez grand nombre de coups de baïonnette parce qu'il n'avait pas voulu saisir un étrier qu'on lui montrait comme un moyen de salut, et demander quartier. Jamais il n'avait plié devant la mauvaise fortune. Il avait toujours remonté sa montagne aussi industrieusement qu'une fourmi. Repoussé du sommet plus de cent fois, il avait recommencé sa cent-unième ascension avec autant de persévérance. Et il pouvait être considéré, de cette manière, comme un original très particulier. Ce vieux soldat, trempé à Dieu sait combien de feux, blasé sur toutes les souffrances, martelé et forgé, avait le cœur d'un enfant. Au temps de l'épidémie de Cuba, le vomito-negro l'avait pris parce qu'il donnait toute sa quinine aux malades et qu'il ne lui en était pas resté un grain, bien qu'il en eût une réserve considérable.

Et il y avait encore en lui ceci de singulier, qu'après tant de désappointements il était encore plein de confiance, et qu'il ne perdait pas espoir que toutes choses pussent encore s'arranger. En hiver, il s'animait, et prédisait de grands événements. Puis il les attendait avec impatience, et vivait en les espérant pendant de longs étés. Les hivers passaient les uns après les autres, et Skavinski constatait qu'ils n'avaient accompli certainement qu'une chose : blanchir un peu plus ses cheveux. Enfin il était devenu vieux et avait perdu une part de son énergie ; son endurance prenait davantage l'aspect de la résignation ; son calme ancien faisait place à une sensibilité plus grande, et peu à peu le soldat aguerri s'était transformé en un homme prêt à verser des pleurs pour la moindre cause. D'autre part, il était souvent accablé d'accès de mal du pays que déterminaient les causes les plus diverses... la vue des hirondelles, la neige sur les montagnes, une musique entendue autrefois. Enfin, une idée dominait en lui toutes les autres idées : celle du repos. Elle le maîtrisait entièrement, et couvrait tous ses désirs et toutes ses espérances. Cet errant de toute une existence ne pouvait rien imaginer de plus délicieux, de plus précieux qu'un coin où se reposer et attendre la fin en silence. Et c'est probablement parce que son destin l'avait toujours poussé sur les continents et sur les mers, lui laissant à peine le temps de reprendre sa respiration, qu'il s'imaginait que le plus grand bonheur de l'homme était de ne pas vagabonder. Un pareil bonheur lui était bien dû, à la vérité, et il était si bien accoutumé au désappointement, qu'il n'osait plus songer au repos que comme à quelque chose d'inaccessible. Et voilà qu'en moins de douze heures il avait acquis la situation qui paraissait le mieux faite pour combler tous ses désirs. Nous n'avons donc pas à nous étonner de ce qu'en allumant son phare pour la première fois, le pauvre homme se demandât s'il n'était pas le jouet d'un rêve, et s'il ne retomberait pas au réveil dans la réalité, pour reprendre sa course éternelle à travers le monde.

Mais en même temps, tout ce qui se passait autour de lui le convainquait avec d'irréfutables preuves, depuis qu'une heure après l'autre passait sans qu'il eût quitté son balcon. Le phare jetait sur la mer son puissant triangle de lumière ; les

lames roulaient les unes derrière les autres, sortant
de l'obscurité profonde, et venaient mugir à la base
de l'île ; leurs dos apparaissaient monstrueux, verdâtres ou roses, éclairés par la lueur de la lanterne.
La marée montait et couvrait lentement les bancs
de sable. La voix mystérieuse de l'Océan se faisait
de plus en plus puissante, pareille à certains moments à des salves de coups de canon, puis au
bruit d'une grande forêt, puis à la rumeur d'un
peuple. La mer était calme, à ce moment, mais
bientôt le vent chassa les vapeurs transparentes,
et des nuages noirs cachèrent la lune. Les vagues
grossirent et frappèrent avec plus de puissance les
assises du phare, éclatant en hautes gerbes d'é-
cume. Dans le lointain, la tempête commençait à
gronder, tandis que des feux multicolores se balançaient rudement en haut des mâts des navires.

Skavinski descendit à sa chambre. L'orage hurlait maintenant auprès de lui. Au dehors, les marins luttaient avec la nuit, avec le vent, avec les
ténèbres, avec les lames, mais à l'intérieur de la
tour tout était calme et tranquille. C'est à peine si
les bruits de l'ouragan perçaient les murs épais,
et le battement d'une horloge, seul, rythmait le
sommeil las du vieil homme.

CHAPITRE II

Les heures, les jours, les semaines commencèrent à passer.

Les marins assurent que parfois, lorsque la mer est démontée, quelque chose qui sort du brouillard, de la nuit ou des ténèbres, les appelle par leurs noms. Si l'infini de la mer peut appeler ainsi, peut-être, quand un homme devient vieux, un appel lui arrive-t-il aussi d'un autre infini, plus sombre et plus mystérieux encore. Et plus il est las de la vie et plus cette voix doit être entendue de lui. Mais, pour l'écouter, le calme est nécessaire. D'autre part, les vieillards aiment à s'isoler, comme si l'isolement était pour eux un avant-coureur du tombeau. Rien n'est plus monotone qu'une existence passée sur le balcon d'une tour. Quand des hommes jeunes consentent à assumer un pareil service, ils le quittent généralement au bout de peu de temps. Les gardiens de phare sont généralement des hommes d'âge mûr, assez sombres et renfermés en eux-mêmes. Si par hasard, l'un d'eux quitte sa tour et revient vivre au milieu des hommes, il s'y promène le plus souvent de l'air de quelqu'un qu'on viendrait d'éveiller brusquement d'un profond sommeil. Dans un phare manquent absolument les impressions de toutes les minutes qui apprennent aux hommes, dans la vie ordinaire, à s'adapter à toutes choses. Tout ce qui entoure un gardien de phare et tout ce avec quoi il est en contact est gigantesque et dénué de formes précises. Le ciel est un bloc, l'eau en est un autre, et entre ces deux infinis, l'âme humaine est seule. C'est une existence au cours de laquelle la pensée est une méditation continuelle : et, en dehors de cette méditation, rien ne vient éveiller le gardien, pas même sa besogne. Pour lui, un jour est semblable à l'autre comme deux grains d'un rosaire, et il n'y a que les variations de la température pour mettre quelque différence entre eux.

Mais Skavinski se sentait plus heureux là qu'il ne l'avait jamais été dans sa vie. Il se levait avec le jour, prenait son déjeuner, nettoyait les lentilles du phare, puis s'asseyait sur son balcon et regardait à l'horizon. Jamais ses yeux ne se fatiguaient des tableaux qui défilaient devant eux. Sur l'énorme turquoise que représentait l'Océan couraient généralement des voiles blanches, si brillantes sous les rayons du soleil que les yeux clignaient de l'excès de lumière. Quelquefois les navires, favorisés par les vents alizés, arrivaient en lignes régulières, comme un vol de mouettes ou d'albatros. Les bouées rouges indiquant le chenal se balançaient sur les lames transparentes d'un mouvement gracieux. Parmi les voiles apparaissait chaque après-midi, comme un immense flocon de plumes grises, un long panache de fumée. C'était un steamer de New-York apportant des passagers et des marchandises à Aspinwall et qui traînait derrière son hélice un long sillage d'écume.

De l'autre côté de la tour, Skavinski voyait très nettement Aspinwall et son port actif, renfermant une forêt de mâts, de bateaux, de chalands ; un peu plus loin, les maisons blanches et les tours de la ville. A distance, tout apparaissait comme une agglomération de nids de mouettes, les navires comme des insectes, et les hommes comme de tout petits points noirs sur les boulevards de pierre.

Dès le matin, une légère brise de l'Est apportait au phare une rumeur confuse de vie humaine, qui dominait le sifflement puissant des steamers. Lorsque six heures du soir arrivaient, le mouvement du port cessait, les mouettes se cachaient dans les trous de la côte ; les lames s'affaiblissaient et ne roulaient plus qu'avec une sorte de paresse ; et sur la terre, ainsi que sur l'eau, s'établissait un calme que rien ne troublait plus. Le sable jaune, découvert par la marée, luisait par bandes d'or sur le vert profond de la mer, et la silhouette de la tour s'accusait plus nettement sur le ciel. Les gerbes des derniers rayons du soleil tombaient du ciel sur l'eau, sur les bancs de sable et sur la côte. A ce moment, une certaine lassitude pleine de douceur saisissait le vieil homme. Il sentait à quel point ce repos, qu'il avait tant désiré, était délicieux pour lui ; et il se disait que, pour peu que cette existence continuât, rien ne lui manquerait plus jamais.

Skavinski se grisait de sa nouvelle condition, et, comme un homme s'adapte facilement à un milieu où il se plaît, il reprenait peu à peu foi et confiance. Si les hommes construisent des maisons de retraite pour leurs invalides, pourquoi Dieu n'en préparerait-il pas pour les siens ? Le temps passait et le confirmait dans cette conviction. Le vieillard s'accoutumait à sa tour, à sa lanterne, à son rocher, à son banc de sable et à sa solitude. Il s'accoutumait aussi aux oiseaux de mer qui nichaient dans les fentes de son île et, le soir, tenaient leurs conciliabules sur le phare même. Skavinski leur jetait généralement les débris de sa nourriture ; ils s'étaient rapidement habitués à lui, et bientôt, il ne prit plus ses repas qu'entouré d'un véritable orage de coups d'ailes blanches ; il se promenait parmi les oiseaux comme un berger au milieu de son troupeau. Quand la mer baissait, il s'en allait jusqu'aux bancs de sable, où il ramassait toutes sortes de coquillages déposés par le déflux. La nuit, il pêchait les myriades de poissons qui aimaient à s'approcher de la côte. Enfin, il se prit d'une passion véritable pour les rochers de sa petite île sans arbres, et où ne croissaient que certaines plantes exsudant une résine visqueuse. La vue superbe dont il jouissait continuellement le dédommageait de la pauvreté de son propre domaine. Pendant l'après midi, lorsque le temps était clair, il découvrait l'isthme entier, couvert d'une luxuriante végétation. Il lui semblait alors avoir devant les yeux un jardin gigantesque et qui commençait aux dernières maisons d'Aspinwall. Un peu plus loin, entre Aspinwall et Panama, s'étendait une grande forêt au-dessus de laquelle s'élevait matin et soir une sorte d'exhalaison rouge... une véritable forêt tropicale, les pieds dans l'eau stagnante, entrelacée de lianes, et emplie d'une mer véritable de palmiers, d'arbres à lait, de bois de fer et de gommiers.

A travers sa lunette, le vieil homme pouvait distinguer non seulement les feuillages et les longs panaches des bananiers, mais des légions de singes, des vols de marabouts et de perroquets qui s'élevaient parfois au-dessus de la forêt comme un énorme arc-en-ciel. Skavinski connaissait bien ces bois énormes pour y avoir erré des semaines entières au milieu de tous les dangers. Il y avait dormi des nuits avec, auprès de l'oreille, le cri sépulcral des singes hurleurs et la voix rauque des jaguars; il avait vu des serpents gigantesques collés aux arbres comme des lianes; il connaissait les lacs traîtres, pleins de poissons-torpilles et fourmillant de crocodiles; il savait comment un homme peut vivre dans ces déserts où pullulent les moustiques sanguinaires et les araignées venimeuses. Il avait expérimenté lui-même cette existence terrible; il en avait été témoin; il l'avait traversée; et c'est pourquoi il se réjouissait tant aujourd'hui de voir de loin ces océans de verdure, de les admirer et d'être à l'abri de leurs traîtrises.

Sa tour le préservait de tout mal. Il ne la quittait que quelques heures le dimanche. Il mettait alors sa veste bleue à boutons d'argent et accrochait ses croix sur sa poitrine. Sa tête blanche comme le lait se redressait avec une certaine fierté lorsque, en entrant à l'église, il entendait les créoles murmurer autour de lui :

— Nous avons maintenant un gardien de phare honorable. Ce n'est pas un hérétique, bien que ce soit un Yankee.

Mais il retournait à son île aussitôt après la messe ; et il y retournait heureux, car il n'avait pas grande confiance en le continent. Le dimanche aussi il lisait les journaux espagnols qu'il achetait à la ville ou le *New-York Hérald* qu'il recevait de M. Falconbridge, et il cherchait les nouvelles d'Europe avec avidité. Le pauvre vieux cœur, isolé dans sa tour et exilé dans un autre hémisphère, battait toujours pour le pays natal.

Quelquefois aussi, lorsque la barque lui apportait les provisions quotidiennes et l'eau douce, il descendait et causait quelques instants avec Johnson, le patron.

Mais, au bout d'un certain temps, il changea d'allures et devint plus renfermé. Il cessa de se rendre à la ville, de lire les journaux et de descendre parler politique avec Johnson. Des semaines entières se passèrent ainsi, pendant lesquelles personne ne le vit et pendant lesquelles il ne vit personne. On savait qu'il vivait toujours parce que les provisions disparaissaient du rocher où on les dé-

posait, et parceque le phare s'allumait tous l
soirs avec la même régularité, mais c'est tout
qu'on savait. Evidemment, le vieil homme était d
venu complètement indifférent pour le reste d
monde. Et ce n'était pas le mal du pays qui en éta
cause, mais justement ceci, au contraire, que
mal du pays s'était transformé en résignation. L
monde entier commençait maintenant et se termi
nait pour Skavinski dans son île. Il s'était accou
tumé à l'idée qu'il ne quitterait plus sa tour jus
la mort, et il oubliait simplement qu'il y eût quel
que chose autour de sa tour. En outre, il étai
devenu quelque peu mystique ; ses yeux bleus com
mençaient à devenir vagues comme des yeux d'en
fant, et fixes comme s'ils eussent toujours regardé
quelque chose de lointain. En présence d'un pay
sage incommunément simple et grand, le vieil
lard perdait le sentiment de sa personnalité ;
cessait de vivre comme individu ; il s'immergea
davantage dans ce qui l'entourait. Il lui sembla
que les cieux, les eaux, les rochers, la tour, le
bancs de sable dorés, les voiles, les mouettes, le
flux et le reflux... que tout cela formait une puis
sante unité, une âme énorme et mystérieuse, qu'i
se perdait dans ce mystère, qu'il y vivait et qu'i
s'y endormirait.

Il s'enterrait sur son rocher ; il s'y oubliait ; e
dans cette vie énorme enveloppant sa chétive exis
tence, dans cette demi-veille, dans ce demi-som
meil, il avait découvert un repos si profond et
délicieux qu'il ressemblait presque à la mort.

CHAPITRE III

Mais le réveil vint.

Un certain jour, où la barque lui avait apporté ses provisions comme de coutume, Skavinski descendit de la tour une heure plus tard, et vit auprès du paquet habituel un paquet supplémentaire. Ce dernier portait des timbres-postes des Etats-Unis, et le nom de « Skavinski » écrit sur la toile.

Le vieillard coupa cette toile avec curiosité et aperçut des livres ; il en prit un, le regarda et le repoussa ; mais ses mains s'étaient mises à trembler grandement. Il couvrit ses yeux comme s'il n'eût pas voulu les en croire ; il lui semblait rêver. Ces livres étaient des livres polonais... Qu'est-ce que cela pouvait bien signifier? Qui pouvait lui avoir envoyé ces livres? Il ne lui venait pas à l'esprit, à ce moment, qu'à ses débuts comme gardien de phare, il avait lu dans le *Hérald*, que lui procurait le consul, qu'une Société se formait à New-York, pour venir en aide aux Polonais expatriés et malheureux, et qu'il avait envoyé à cette Société la moitié de son salaire d'un mois, dont il n'avait que faire. La Société, à son tour, lui envoyait des livres avec ses remercîments. Ces livres venaient donc par une voie toute naturelle, mais au premier moment, le vieillard ne put pas le comprendre. Des livres polonais à Aspinwall, dans sa tour, dans sa solitude!... c'était pour lui quelque chose d'incompréhensible, un souffle du passé, une sorte de miracle. Il lui semblait maintenant, comme il semble aux marins pendant la nuit, qu'une voix l'appelait par son nom, une voix aimée et à peu près oubliée. Il s'assit à terre et ferma les yeux, certain qu'en les ouvrant le songe aurait disparu.

Le paquet, ouvert, gisait devant lui, éclairé nettement par le soleil de l'après-midi. Quand Skavinski demeura immobile, il entendit son cœur battre dans sa poitrine. Puis il ouvrit les yeux. Le premier volume qu'il avait regardé était un volume de poésies. Sur la couverture se lisait en grandes lettres le titre, et au-dessous le nom de l'auteur. Ce nom n'était pas inconnu du vieillard ; il le savait appartenir à un grand poète, dont il avait lu les productions en 1830, à Paris. C'était le nom de Myskievich, le plus grand poète de la Pologne. Lorsqu'il faisait campagne en Algérie et en Espagne, il avait entendu parler de la célébrité grandissante de l'écrivain, mais il avait toujours le mousquet à la main, à cette époque, et ne s'occupait pas beaucoup de livres. En 1849, Skavinski était venu en Amérique, et, dans sa vie aventureuse, il avait rarement rencontré un Polonais, et jamais un livre polonais. C'est donc avec avidité qu'il tourna la première page. Il lui semblait que sur son rocher quelque imposante solennité allait se produire. C'était un moment de grande paix et de silence. Les cloches d'Aspinwall sonnaient cinq heures. Il n'y avait pas un nuage pour obscurcir le ciel, et quelques mouettes volaient paresseusement en l'air. L'Océan semblait s'endormir. Les vagues baignaient doucement le rivage. Dans le lointain, les maisons blanches d'Aspinwall et les groupes de palmiers souriaient. En vérité, c'était quelque chose de solennel et plein de dignité. Et tout-à-coup, au milieu du silence de la Nature, monta la voix du vieillard, qui lisait haut, comme pour mieux se comprendre soi-même :

« Tu es belle comme la santé, ma Lithuanie,
« Ceux qui t'ont perdue peuvent seuls t'apprécier.
« Ta beauté est l'ornement des jours,
« Je la vois et je la dépeins, parce que je soupire après toi!»

La voix manquait à Skavinski. Les lettres commencèrent à danser devant ses yeux ; quelque chose se brisa dans sa poitrine, et monta de son cœur à son cerveau, lui serrant la gorge au passage. Il se reprit, cependant, et put continuer à lire :

« O Sainte-Mère, qui as gardé le couvent de Chenstohova
« Qui luis dans Ostrobrama et qui as préservé
« La citadelle de Novgrodek et son peuple fidèle,
« Comme tu m'as rendu la santé pendant mon enfance,
« Quand ma mère en pleurs me plaçait sous ta protection,
« J'élevais mes yeux vers le Ciel
« Et montais tout droit à ton seuil béni
« Pour remercier Dieu de m'avoir rendu la vie, [trie.]»
« O maintenant, remets-nous au sein de notre chère pa-

Le vieillard se mit à sangloter, et se jeta sur le sol ; ses cheveux blancs se mêlèrent au sable de la mer. Quarante ans avaient passé depuis qu'il n'avait revu son pays, et Dieu sait qu'il n'avait pas souvent entendu sa langue maternelle. Et voilà que cette langue maternelle venait à lui... elle avait traversé l'Océan ; elle l'avait trouvé dans sa solitude, sur l'autre hémisphère... elle si aimée, si chère, si belle ! Dans les sanglots qui l'agitaient, il n'y avait pas de peine, mais seulement un immense amour subitement éveillé et en présence de qui toutes autres choses disparaissaient. Et ces pleurs qu'il versait étaient pour demander un pardon à cette patrie si tendrement aimée, négligée parce qu'il était devenu si vieux, si habitué à son rocher solitaire, et qu'en lui l'ennui même avait commencé à disparaître. Mais, maintenant, le mal du pays reparaissait comme par miracle ; et c'est pourquoi le pauvre vieux cœur palpitait.

Les instants s'écoulaient, rapides ; il restait étendu sur la terre. Les mouettes tournoyaient au-dessus du phare, comme si elles eussent été alarmées pour leur ami. L'heure à laquelle il les nourrissait avec les débris de son repas avait passé ; quelques-unes descendaient du phare et voletaient au-dessus de sa tête ; puis les autres les suivirent et commencèrent au-dessus du corps immobile leur ouragan de coups d'ailes. Ce bruit l'éveilla. Il avait beaucoup pleuré et se sentait maintenant plus calme ; mais ses regards restaient inspirés. Il donna machinalement toutes ses provisions aux oiseaux,

qui s'élançaient vers lui dans une clameur, puis il
reprit son livre. Le soleil avait déjà disparu derrière
les jardins et la forêt de Panama et s'en allait lentement par-dessus l'isthme vers l'autre océan ; mais
l'Atlantique était plein de lumière encore ; l'air
était transparent ; il lut plus loin :

« Et maintenant emporte mon âme alanguie vers ces fo-
« Vers ces vertes prairies. »   [rêts,]

   Enfin, le crépuscule oblitéra les lettres sur le papier blanc ; un crépuscule excessivement rapide.
Le vieillard reposa sa tête sur le rocher et ferma
les yeux. Alors « Celle qui défendit Chenstohova »
prit son âme et la transporta vers « les champs
peuplés d'herbes multicolores ». Dans le ciel brû-
laient encore de longues traînées de feu et d'or, et
l'esprit partit vers les régions aimées. Les bois de
pins chantaient à ses oreilles ; les rivières du pays
natal murmuraient. Il voyait distinctement toutes
choses ; toutes choses lui demandaient : « Te sou-
viens-tu ? »
   Mais il se souvient ! Il voit les champs larges et,
entre les champs, des bois et des villages. Il fait
nuit, maintenant. A cette heure, habituellement, le
phare illumine les ténèbres de la mer ; mais à présent, il est au village natal. Sa vieille tête est tombée sur sa poitrine, et il rêve. Des tableaux passent
devant ses yeux, rapides et un peu désordonnés. Il
ne voit pas la maison où il est venu au monde, car
la guerre l'a détruite ; il ne voit ni son père ni sa
mère, car ils sont morts comme il était encore en-

fant ; mais le village est tel qu'il l'a laissé hier :
la ligne de petites maisons avec des lumières au
fenêtres, la terrasse, le moulin, les deux étang
opposés l'un à l'autre, avec le concert perpétuel de
grenouilles. Une fois, il a été de garde dans ce vil
lage toute une nuit ; et c'est maintenant ce pass
qui remonte à son souvenir en une série de vue
Voici un uhlan qui se tient en sentinelle ; là-b
est l'auberge ; il la regarde avec des yeux ardent
On y chante, on y danse ; le son des violons et d
contre-basses se mêle aux cris : « U-ha ! U-ha !
Alors, les uhlans font jaillir du feu de sous le
fers de leurs chevaux, et il se sent las d'être a
selle. Les heures coulent lentement ; à la fin, le
lumières s'éteignent ; à présent, aussi loin que l'œ
puisse s'étendre on ne voit que du brouillard, u
brouillard impénétrable. Maintenant, les vapeu
s'élèvent, évidemment de sur les champs, et env
loppent le monde entier d'un nuage blanchâtre. O
dirait l'Océan. Mais ce sont bien les champs. Bie
tôt, on entendra le râle des genêts dans les tén
bres, et les butors appelleront dans les roseau
La nuit est calme et fraîche ; c'est bien une nu
polonaise. Dans le lointain, la forêt de pins br
sans qu'il y ait de vent, et l'on croirait entendre
bruit de la mer. L'aube poindra bientôt à l'Est.
fait, les coqs commencent à claironner derrière
haies. L'un répond à l'autre de ferme en ferm
les cigognes craquètent plus haut. Le uhlan
sent bien et joyeux. Quelqu'un a parlé d'une b
taille pour demain. Eh ! on ira, comme aux aut

avec des cris, avec des flûtes et des flageolets. Le sang jeune jouera de la trompette, bien que la nuit fraîchisse. Mais, voici le jour. Déjà l'obscurité pâlit ; les forêts, les halliers, un rang de fermes, le moulin, des peupliers sortent de l'ombre. Oh ! le pays, dans les rayons roses du matin. Oh ! la chère patrie, la seule patrie !

Doucement ! la patrouille entend que quelque chose s'approche. Naturellement, on vient pour relever la garde.

Soudain, une voix s'élève au-dessus de Skavinski :

— Eh ! vieillard ! Debout ! Que se passe-t-il ?

Le vieillard ouvre les yeux et regarde avec étonnement celui qui se tient debout devant lui. Les restes du rêve se battent dans sa tête avec la réalité. Devant lui se tient Johnson, le patron de la barque qui lui apporte des vivres tous les jours.

— Qu'y a-t-il ? Etes-vous malade ?

— Non !

— Vous n'avez pas allumé le phare. Il faut quitter la place. Un navire de Saint-Gérôme s'est brisé sur l'écueil. Il est heureux pour vous que personne ne se soit noyé, ou vous auriez passé en jugement. Embarque. Vous entendrez le reste au consulat.

Le vieillard devint pâle ; en effet, il n'avait pas allumé le phare cette nuit-là.

Quelques jours plus tard, Skavinski prenait passage sur le pont d'un navire qui allait d'Aspinwall à New-York. Le pauvre homme avait perdu sa place. Ainsi, de nouvelles routes s'ouvraient de-

vant lui pour le vagabondage ; le vent avait de nouveau tordu cette feuille et l'emmenait encore par
monts et par mers ; la fatalité n'était pas encore
lasse de jouer cruellement. Le vieillard avait beaucoup baissé pendant ces derniers temps ; il était
très courbé ; ses yeux seuls luisaient. Sur la route
nouvelle, il tenait contre sa poitrine son livre, et il
le pressait de temps à autre d'une main anxieuse,
de peur qu'il ne le quittât aussi, celui-là !

SACHEM

Dans la ville d'Antilope, située au Texas sur la rivière du même nom, tout ce qu'il pouvait y avoir de vivant se ruait vers le cirque. Les habitants se passionnaient d'autant plus que, pour la première fois depuis la création de la cité, un établissement de ce genre s'installait dans leurs murs ; un cirque complet, avec chevaux de manège et de haute école, ballet, jongleurs, clowns et danseurs de corde.

Antilope était de fondation récente. Quinze ans auparavant, pas une maison n'y était sortie de terre, et même on n'eût pas rencontré dans toute la contrée avoisinante un visage blanc. Bien mieux, à l'endroit où s'érige aujourd'hui la ville se trouvait alors un village indien portant le nom de Chiavatta. Ce village était la capitale des Serpents-Noirs, une tribu pillarde et turbulente, et la terreur des colonies voisines, Berlin, Gründenau et Harmonia, qui se plaignaient continuellement de ne pouvoir supporter plus longtemps ses incursions.

A la vérité, ces malheureux Serpents-Noirs ne faisaient que défendre leur pays, dont l'indépendance leur avait été garantie par des traités formels avec le gouvernement du Texas, traités qu'on violait ouvertement tous les jours. Mais que pouvaient bien signifier ces contrats pour les colons de Berlin, de Gründenau et d'Harmonia ? Ils prenaient la terre des sauvages, l'air des sauvages, l'eau des sauvages, mais ils leur apportaient en retour la civilisation ! Ces Peaux-Rouges montraient leur gratitude à leur manière, c'est-à-dire en enlevant des scalps de la tête des Allemands.

Un état de choses semblable ne pouvait durer longtemps. En conséquence, les colons de Berlin, de Gründenau et d'Harmonia s'assemblèrent une certaine nuit de clair de lune au nombre de quatre cents, appelèrent à leur aide les Mexicains de La Ora et fondirent comme la foudre sur Chiavatta endormie.

Le triomphe de la bonne cause fut complet... Chiavatta fut réduite en cendres, et ses habitants, sans distinction d'âge ou de sexe, furent massacrés. Seuls échappèrent à la tuerie quelques bandes de guerriers qu'occupait à ce moment la chasse. Dans le village même, il ne resta pas une âme vivante. Les alliés y veillèrent avec soin, et la tâche fut d'autant plus facile que la rivière avait débordé, comme il arrive à chaque printemps, et que ses eaux cernaient entièrement le groupe des huttes indiennes. Par ainsi, les indigènes qui auraient pu passer entre les égorgeurs se noyèrent... Le triomphe de la bonne cause fut complet.

Mais la situation topographique du village, qui avait causé la perte des Indiens, parut excellente aux Allemands. S'il était difficile de s'en échapper, il était facile de s'y fortifier et de s'y défendre.

Des colons de Berlin, de Gründenau et d'Harmonia émigrèrent vers l'emplacement de la capitale anéantie. En un clin d'œil il ne fut plus question de Chiavatta ; en un clin d'œil s'érigea sur ses ruines la cité civilisée d'Antilope. Au bout de cinq ans elle comptait deux mille habitants.

La sixième année, on découvrit sur la rive opposée à celle qu'occupait la ville un gisement important de minerai d'argent. Le travail auquel il donna lieu doubla le nombre des Antilopiens. La septième année, en vertu de la loi de Lynch, on pendit sur la place publique les douze derniers représentants de la tribu des Serpents-Noirs, qui avaient commis la maladresse de se laisser prendre aux environs, dans la « Forêt de la Mort ». Dès lors, rien n'arrêta plus le développement de la ville et l'essor de sa prospérité.

Il s'y fonda deux journaux et une *Revue hebdomadaire*. Une ligne de chemin de fer conduisit voyageurs et marchandises d'Antilope à Rio del Norte et San Antonio ; la rue d'Opuncia s'agrémenta de trois écoles publiques, dont une fut une école supérieure. Sur la place où avaient été pendus les douze Serpents-Noirs, un « Institut philanthropique » s'érigea solennellement.

Dans les temples, les pasteurs enseignèrent chaque dimanche l'*Aimez-vous les uns les autres*, le respect de la propriété d'autrui et d'autres vertus similaires indispensables à l'existence d'une société civilisée ; un certain conférencier ambulant lut des dissertations sur les « Droits des Nations ».

Les habitants les plus fortunés parlèrent de la fondation d'une Université, à la construction de laquelle le gouvernement du Texas devait participer. Les citoyens prospéraient. Le commerce du minerai d'argent, des oranges, de l'orge, du vin leur apportait de grands profits. Ils étaient honnêtes, économes, industrieux, méthodiques et gras. Quiconque eût visité Antilope vingt ans plus tard n'eût jamais consenti à reconnaître dans les gros marchands de la ville les guerriers impitoyables qui avaient brûlé Chiavatta. Les jours se passaient pour eux dans leurs boutiques, dans leurs comptoirs, dans leurs bureaux; les soirées, au « Bier-Salon » du Soleil d'or, rue du Serpent-à-Sonnettes. En écoutant ces voix grasses et quelque peu gutturales crier : *« Mahlzeit! Mahlzeit!* » (1), en entendant ces flegmatiques : *« Nunya, wissen Sie, Herr Müller, ist das aber möglich? »* (2), le bruit des gobelets, celui de la bière répandue sur le plancher, le « flac » des mousses jetées; en considérant ce calme, cette lenteur, ces faces de Philistins couvertes de graisse, ces yeux depoissons, l'observateur se serait plutôt cru dans un « Bier-Garten » de Berlin ou de Munich que sur les ruines de Chiavatta. Mais dans la ville, toutes choses étaient « ganz gemüthlich » (tout à fait agréables), et personne ne songeait plus au passé.

Ce soir, toute la ville se hâtait donc vers le

---

(1) Heure du repas.

(2) Eh ! bien, Monsieur Müller, est-ce possible ?

cirque. *Primo :* parce qu'après un dur labeur la distraction s'impose ; et *secundo :* parce que les Antilopiens se sentaient très fiers de posséder pour la première fois cet établissement. On sait que les cirques n'ont pas l'habitude de s'arrêter dans n'importe quelle petite bourgade. L'arrivée de l'honora- M. Dean et de sa troupe consacrait donc d'une manière définitive la réputation de grandeur et de magnificence de la cité. Il y avait une troisième cause à la curiosité générale ; le programme portait :

« N° 2. — Grand exercice sur le fil de fer tendu « à quinze pieds du sol, avec accompagnement de « musique, par le renommé gymnaste « Vautour- « Noir », Sachem des Serpents-Noirs, le dernier « descendant des guerriers redoutables, le dernier « chef, le dernier représentant de la tribu : I. La « promenade. — II. Le saut de l'antilope. — « III. La danse de guerre et le chant de mort ».

S'il était une ville d'Amérique où ce « Sachem » dût exciter un intérêt particulièrement vif, c'était sûrement Antilope. L'honorable M. Dean avait eu soin de raconter au « Soleil d'or » comment il avait trouvé, quinze ans auparavant, au cours d'un voyage à Santa-Fé, sur le plateau des Tornades, un vieil Indien mourant, accompagné d'un enfant de dix ans. Le vieillard mourut en effet de ses blessures et d'épuisement ; mais il avait eu le temps de déclarer que l'enfant était le fils d'un « Sachem » déjà massacré des Serpents-Noirs, et l'héritier de ce titre.

La troupe recueillit l'orphelin, qui devint depuis son meilleur acrobate. C'est seulement au « Soleil d'Or », toutefois, que l'honorable M. Dean apprit comment Antilope avait été édifiée sur les ruines de Chiavatta, et que son danseur de corde allait avoir à s'exhiber sur le propre tombeau de ses pères. Cette information eut le don de mettre immédiatement le directeur en excellente humeur ; il pouvait en effet compter sûrement sur une « great attraction », s'il s'y prenait adroitement. C'est ce qui fut. Tout naturellement les Philistins d'Antilope se bousculèrent vers le cirque. Ils n'étaient pas fâchés de voir un Serpent-Noir inoffensif, mais ils se sentaient plus heureux encore de pouvoir montrer à leurs femmes et à leurs enfants — importés d'Allemagne — le dernier d'une race de guerriers fameux ; de pouvoir leur dire :

— Voyez ! Ce sont des hommes aussi terribles que celui-ci que nous avons taillés en pièces, il y a quinze ans.

— Ach ! Herr Je !

L'exclamation admirative était plaisante à entendre dans la bouche d'*Amalchen*, ou du « Kleines Fritz ». Par toute la ville, en conséquence, chacun répétait sans se lasser : « Sachem ! Sachem ! ».

Depuis le matin, les gamins observaient curieusement à travers les planches du cirque ; d'autres, plus âgés, saisis brusquement d'une belle ardeur guerrière, revinrent de l'école en ordre militaire et l'œil terrible, sans savoir pourquoi.

Il est huit heures du soir... une nuit merveilleuse, claire, illuminée d'étoiles. La brise apporte sur la ville le parfum violent des champs d'orangers, qui se mêle étrangement à l'odeur du malt. Dans le cirque, il y a surabondance de lumières. Devant l'entrée principale, des torches de résine flamboient et fument. Le vent chasse des tourbillons fuligineux; la flamme brillante éclaire par intermittences les lignes sombres de la baraque. C'est une sorte d'édifice en bois fraîchement construit, circulaire, avec un toit pointu sur lequel flotte l'étendard constellé des Etats-Unis.

Devant les bureaux s'agitent des groupes qui n'ont pas pu se procurer de tickets, ou qui n'ont pas le moyen d'en acheter; ils surveillent les wagons de la troupe, et spécialement le rideau de toile de la porte de l'Est, où est peinte une bataille terrifiante entre blancs et Peaux-Rouges. Aux moments où la tenture s'écarte, on aperçoit le bar intérieur avec ses centaines de verres. Puis c'est l'entrée des heureux qui verront le septacle. Les passages vides entre les sièges résonnent des pas de la foule, et bientôt la masse noire emplit tout l'amphithéâtre, des gradins les plus élevés jusqu'au sol.

Il fait clair dans le cirque comme en plein jour; le gaz n'y a pas pénétré, mais on a organisé un lustre gigantesque avec cinquante lampes à pétrole. Ses rayons illuminent les têtes des buveurs de bière, charnues, épaisses de la nuque et du menton; les visages jeunes des femmes, les faces gracieuses et étonnées des enfants, dont les **yeux** s'écarquillent de curiosité.

Mais tous les spectateurs ont ce regard **typique**, satisfait de soi, qu'on trouve habituellement à **une** assistance de cirque. Parmi la rumeur des conversations interrompues par les « Frisch wasser! Frisch wasser! » (eau fraîche) tout le monde attend avec impatience.

Enfin une cloche résonne; six grooms apparaissent en bottes luisantes et font la haie de l'arène à l'entrée des écuries. Entre leurs rangs un cheval furieux s'élance, sans bride et sans selle, et sur son dos la danseuse Lina. Tous deux commencent à manœuvrer aux sons de l'orchestre. Lina est si jolie que la jeune Matilda, fille du brasseur de la rue d'Opuncia, alarmée à la vue de sa beauté, s'incline à l'oreille de Floss, jeune épicier de la même rue, et lui demande s'il l'aime encore.

Pendant ce temps, le cheval galope et souffle comme une machine à vapeur; une bande de clowns court après la danseuse, fait claquer des fouets, crie, se distribue de grands coups de poings en pleine figure. Lina disparaît comme un éclair; un tonnerre d'applaudissements éclate. Quelle splendide représentation! Le premier numéro du programme a passé rapidement. Le numéro deux approche. Le mot « Sachem » vole de bouche en bouche parmi les spectateurs. Personne ne fait plus attention aux clowns, qui continuent à se massacrer. Au milieu de leurs contorsions simiesques, les grooms apportent des tréteaux de bois de quelques mètres de hauteur, et les placent aux deux côtés de l'arène. L'orchestre cesse de jouer le *Yankee Doodle* et entame l'air sombre du Commandeur de *Don Juan.*

On tend le fil d'un tréteau à l'autre. Tout à coup une flamme de Bengale verse sur l'arène une lueur sanglante. Et dans cette lumière apparaît le terrible Sachem, seul survivant des Serpents-Noirs!

Mais qu'est-ce là ? Ce n'est pas le Sachem, c'est le directeur de la troupe lui-même, l'honorable M. Dean. Il salue le public et élève la voix. Il a l'honneur de prier « les aimables et honorables gentlemen, aussi bien que les belles et non moins respectables ladies, de rester extraordinairement calmes, de ne pas applaudir, de ne pas se déplacer, même, car le chef est plus irritable et plus sauvage ce soir qu'à l'habitude. »

Ces mots produisent une impression profonde, et — chose surprenante — les citoyens d'Antilope, ces mêmes hommes qui ont détruit Chiavatta quinze ans auparavant, éprouvent à présent une sorte de sensation déplaisante. Tout à l'heure, quand la belle Lina exécutait des sauts variés sur le dos d'un cheval, ils étaient heureux d'être assis très près, droit derrière la barrière, d'où ils voyaient si bien toutes choses ; et maintenant ils jettent des regards de désir vers les gradins élevés du cirque. En dépit de toutes les lois de la physique, il leur semble qu'ils y seraient moins suffoqués.

Mais ce Sachem peut-il se souvenir? Il a été retiré dès son enfance dans la troupe de l'hono-

rable M. Dean, principalement composée d'Allemands. Il a dû tout oublier. C'est excessivement
vraisemblable. L'entourage, quinze ans de carrière
acrobatique, l'exhibition en public, la griserie des
applaudissements ont dû exercer sur lui leur
influence.

Chiavatta! Chiavatta!... Mais ils sont Allemands;
ils sont sur leur terrain, et ne pensent pas plus à
la *Vaterland* que ne le permettent les soucis du
commerce. Par-dessus tout, un homme doit manger et boire. Cette vérité emplit l'intelligence des
Philistins, et il doit en être de même pour le dernier des Serpents-Noirs.

Ces méditations sont interrompues tout à coup
par un sifflement sauvage qui part des écuries, et
dans l'arène apparaît le Sachem si anxieusement
attendu. Un murmure bref traverse la foule : « C'est
lui! C'est lui!... » Puis, silence. Les flammes de Bengale se rallument. Tous les yeux sont tournés vers
le chef, debout en ce moment sur le propre tombeau de ses pères. L'Indien donne réellement l'impression qu'on attendait de lui. Il est aussi hautain
qu'un roi. Un manteau d'hermine blanche — signe
de sa naissance glorieuse — enveloppe son corps
droit, élégant, vigoureux et souple comme celui d'un
jaguar. Sa face orgueilleuse paraît être sculptée
dans le bronze ; elle rappelle le profil domina-
teur des aigles ; le regard est féroce et froid. La
physionomie est calme, dédaigneuse, et cependant
menaçante. Le Sachem considère longuement l'assemblée, comme s'il y choisissait une victime. **Au**

surplus, il est armé jusqu'aux dents ; des plumes flottent sur sa tête ; sa ceinture supporte un tomahawk et un couteau à scalper. Mais sa main droite tient au lieu d'un arc la longue perche qui va lui servir à garder son équilibre sur le fil. Debout au milieu de la piste il pousse tout à coup l'affreux cri de guerre des Serpents-Noirs.

— Herr Gott !

Ceux qui ont massacrés à Chiavatta se rappellent nettement ce hurlement terrible, et, chose surprenante, ces hommes qui n'ont pas eu peur, il y a quinze ans, d'un millier de guerriers semblables, sentent la sueur froide les inonder devant un seul.

Mais voyez ! le directeur s'approche et lui dit quelque chose, comme s'il voulait le calmer. La bête sauvage sent le mors ; les mots mystérieux ont leur influence sur elle, la voici qui se hisse sur le fil métallique. Les yeux fixés sur le lustre, le chef avance. Le fil plie ; par instants, il est invisible, et l'Indien semble suspendu dans l'espace. On dirait qu'il se promène en l'air ; il marche, il recule, il marche encore, gardant l'équilibre. Ses bras étendus et couverts du manteau royal font songer à d'immenses ailes. Il chancelle ; il va tomber ! Non. Quelques applaudissements retentissent, vite réprimés. Le visage du chef est de plus en plus menaçant. Dans ses yeux fixés sur le lustre brille une terrible lumière. Une alarme gagne l'assistance, mais personne ne souffle mot. Cependant le Sachem arrive au bout du fil ; il s'arrête ; tout à coup un chant de guerre sort de ses lèvres,

Un instant de surprise : le chef chante en allemand. Mais cela se conçoit à la réflexion : il a
oublié la langue des Serpents-Noirs. Toutefois
personne ne fait cette remarque. Chacun écoute
le chant bizarre, qui monte et augmente de puissance. Ce n'est un chant qu'à demi ; c'est aussi
un appel, incommensurablement plaintif, sauvage,
rauque, plein de bruits de combat.

On entend : « Après les grandes pluies annuel-
les, cinq cents guerriers ont quitté Chiavatta pour
s'engager sur le sentier de la guerre et sur celui
des grandes chasses. En revenant, ils apporteront
des scalps ; ils apporteront aussi de la chair et des
peaux de bisons ; leurs squaws iront au-devant
d'eux avec amour ; elles danseront en l'honneur du
Grand Esprit.

« Chiavatta était heureuse. Les femmes travail-
laient dans leurs wigwams ; les enfants grandis-
saient et devenaient de belles filles, ou de beaux
guerriers sans peur. Les Serpents-Noirs mouraient
au champ de gloire, ou couraient aux montagnes
d'argent pour chasser avec l'Esprit de leurs pères.
Leurs tomahawks ne se sont jamais trempés dans
le sang des femmes et des enfants ; les guerriers
de Chiavatta sont des hommes à l'âme haute.
Chiavatta était puissante, mais les visages pâles
sont venus des eaux éloignées et ont mis le feu à
Chiavatta. Les guerriers blancs n'ont pas détruit
les Serpents-Noirs dans un combat loyal : ils les
ont traîtreusement attaqués la nuit, comme des
chacals ; ils ont plongé leurs couteaux dans le

sein des hommes endormis, des enfants et des femmes.

« Maintenant Chiavatta n'est plus. A sa place, les hommes blancs ont élevé leurs wigwams de pierre. La nation massacrée et Chiavatta en ruines crient vengeance ! »

La voix du chef était devenue vibrante et haute. Droit sur le fil, il ressemblait maintenant à l'archange justicier flottant au-dessus des têtes de cette masse d'hommes. Le directeur lui-même était évidemment effrayé. Un silence de mort pesait sur le cirque. Le chef hurla :

— De la nation tout entière il n'est resté qu'un petit enfant. Il était faible et frêle, mais il a juré à l'esprit de la terre qu'il tirerait du malheur de ses pères une vengeance éclatante ; qu'il verrait les cadavres des hommes blancs, de leurs enfants et de leurs femmes ; qu'il allumerait l'incendie et verserait du sang !

Les derniers mots se perdirent dans un mugissement terrible. Le cirque entier s'emplit d'une rumeur semblable au hurlement du vent. Mille questions sans réponse montaient à l'esprit des hommes : Que fera ce tigre en furie ? Que nous annonce-t-il ? Comment accomplira-t-il sa vengeance... à lui seul ? Va-t-il rester là ou s'élancer ? Se défendra-t-il... et comment ?

— Was ist das ? Was ist das ? disaient à mi-voix les femmes terrifiées.

Tout à coup un rugissement de fauve sortit de la poitrine du chef. Le fil de métal fut secoué avec violence; l'Indien sauta sur un des tréteaux, se tint debout près du lustre et brandit son balancier. Une pensée affreuse traversa comme un éclair toutes les têtes : « Il va renverser les lampes et remplir le cirque de pétrole enflammé ! » De toutes les gorges un cri d'épouvante jaillit.

Mais que voit-on ?

De l'arène un cri s'élève : « Arrêtez ! Arrêtez ! »

Le chef est parti ! A-t-il sauté à terre ? Il est rentré dans les coulisses sans avoir incendié le cirque ! Où est-il ? Voyez ! Il paraît, il s'éloigne ; il revient une seconde fois, haletant, exténué, terrible. Sa main tient un plateau d'étain ! Il le tend vers les spectateurs ; il leur dit d'une voix de prière : *Was gefällig für den letzten der schwartzen schlangen ?* (Pour le dernier des Serpents-Noirs, s'il vous plaît !)

Un poids énorme tombe de la poitrine des Philistins. Vous voyez bien que tout était dans le programme, que c'est un « truc » du directeur ! Les dollars et les demi-dollars tombent en pluie dans le plateau. Comment dire « non » au dernier des Serpents-Noirs, à Antilope, édifiée sur les ruines de Chiavatta ? Nos gens ont du cœur !

Après le spectacle, le Sachem but de la bière et mangea des « prachtel » au Soleil d'Or. L'entourage avait exercé son influence, évidemment. Il devint très populaire à Antilope, particulièrement auprès des dames. On en parla longtemps.

COMBAT DE TAUREAUX

C'est dimanche ! De grands poteaux de bois supportent depuis plusieurs jours des affiches multicolores dans la Puerta del Sol, la calle Alcala et les rues les plus animées de la ville, annonçant aux habitants qu'aujourd'hui, « si el tiempo lo permite », (si le temps le permet), auront lieu aux arènes de brillantes courses de taureaux où apparaîtront les célèbres « espadas » Cara Ancha Lagartijo et Frascuelo.

Le temps permet ; tout est bien. Il a plu le matin, mais vers dix heures le vent a dispersé les nuages et les a chassés dans la direction de l'Escurial. A présent, le vent lui-même a cessé ; le ciel est d'un bleu intense aussi loin que la vue puisse porter, et un vif soleil luit — un soleil madrilène, qui non seulement chauffe, non seulement brûle, mais mord.

Le mouvement augmente dans la cité ; les visages portent l'expression d'une puissante satisfaction.

Deux heures !

La place de la Puerta del Sol se vide lentement, les groupes s'avancent par la calle Alcala, vers le Prado. Un fleuve de voitures coule au centre de la masse populaire ; il coule d'un mouvement long et irrégulier ; la foule est très épaisse entre les murailles des maisons et les roues qu'elle frôle au passage. La police, montée sur des chevaux blancs, en uniformes voyants et en tricornes, maintient l'ordre.

C'est dimanche, assurément, et c'est un après-midi de dimanche : les toilettes ont été soigneusement faites ; les vêtements sont ceux des jours de fête. Il est évident aussi que la ville se rend à quelque spectacle curieux. Malheureusement la multitude est unicolore ; on n'y voit pas le costume national — veste courte, mouchoirs jaunes « à la contrabandista » dont une corne pend sur l'épaule, chapeaux ronds de Biscaye, ceintures catalanes où passe un bout de poignard.

Ce costume existe encore dans le voisinage de Grenade, de Séville ou de Cordoue, mais à Madrid, et spécialement les jours de fête, c'est le vêtement cosmopolite qui prédomine. On découvre cependant encore le peigne haut et la mantille noire sous laquelle brillent deux yeux plus noirs encore.

En général les visages sont sombres, les regards vifs, les parlers sonores. Le geste n'est pas aussi passionné qu'en Italie, où un homme ne peut rire sans se tortiller comme un serpent ou se mettre en colère sans mordre le fond de son chapeau, mais il est encore énergique et caractéristique. Les traits sont profondément modelés et l'œil est résolu. On sent que même dans le plaisir ce peuple garde son caractère spécial et bien défini. Cependant c'est une nation qui, pendant la semaine, se montre pleine de calme, nonchalante, sobre de paroles et recueillie. Le dimanche lui rend la vie avec l'espoir d'un spectacle sanglant.

Mais traversons le Prado et entrons dans l'avenue qui conduit aux arènes. La foule est devenue plus épaisse ; çà et là s'élèvent des cris. On acclame au passage les membres de la compagnie tauromachique se rendant au travail.

Voici un omnibus plein de « capeadors. » Ceux-ci prendront part au combat et n'auront pour toute arme qu'un manteau rouge au moyen duquel ils tromperont et irriteront le taureau. A travers les glaces on distingue leurs faces basanées, la petite queue de leurs cheveux et leurs chapeaux à trois cornes. Les vestes de diverses couleurs qu'ils portent sont brodées de paillettes d'or et d'argent. Les capeadors vont en omnibus ; le modeste prix qu'on donne de leurs périlleux services ne leur permet pas d'autre luxe.

Un peu plus loin, trois « picadors » à cheval cherchent à se frayer un passage dans la foule. Le soleil joue sur leurs chapeaux blancs à larges bords. Ils sont d'apparence athlétique, mais osseux et maigres. Leurs visages ont quelque chose d'austère et même d'ascétique. Ils se tiennent droits sur de très hautes selles de bois, et dominent fièrement la mer humaine qui les entoure. Chacun d'eux tient à la main une lance terminée par une boule de bois d'où sort une pointe de fer d'un peu plus d'un centimètre de long. Le picador ne pourrait pas tuer un taureau avec cette arme ; elle ne lui sert qu'à l'arrêter un instant, et encore faut-il pour cela que l'homme ait dans les bras une force de géant.

En regardant ces cavaliers étranges, je me rappelle involontairement le Don Quichotte illustré par Doré. Chacun d'eux aurait pu poser devant le célèbre dessinateur pour le « Chevalier de la Triste Figure ». Ces silhouettes maigres, nettement tranchées sur un ciel chaud, répondent avec exactitude à l'idée que nous nous faisons du héros de la Manche après avoir lu l'œuvre immortelle de Cervantès.

Mais les picadors nous dépassent, et continuent à fendre la foule. Nous n'en apercevons plus que trois lances, trois hauts de vestes brodées et trois chapeaux. D'autres cavaliers les suivent, si parfaitement semblables aux premiers qu'on croirait volontiers à un seul modèle de picadors pour toute l'Espagne. La seule différence qu'on puisse constater entre eux vient de la couleur de leurs chevaux ; encore les pauvres bêtes sont-elles toutes aussi lamentablement maigres.

Nos regards se portent à présent sur la longue file des voitures. Certaines d'entre elles sont traînées par des mules, mais par des mules si grandes, si luisantes, si belles qu'en dépit de leurs longues oreilles, l'équipage n'apparaît pas ridicule. Çà et là on voit aussi des chevaux d'Andalousie aux dos

puissants, aux cols en arche, à la face busquée.
Ils rappellent étonnamment les coursiers des peintures de batailles du XVIIe siècle.

La fleur de la société madrilène a pris place dans ces voitures. Les toilettes sont noires ; on ne voit que du noir sous les ombrelles, sous les éventails et autour de la tête des dames ; les cheveux noirs sont soigneusement bouclés sur le front ; les yeux noirs lancent des feux aussi éblouissants que les incandescences de la lave du Vésuve. Couleurs de deuil, attitude orgueilleuse et poudre de riz sont les traits principaux par lesquels se fait remarquer cette société. Les visages des vieilles et des jeunes femmes sont en effet également couverts de blanc, rigides et pâles. C'est une pitié ! Sans cette coutume étrange, et, disons-le, blâmable, les dames de Madrid auraient ce teint vivant et chaud que donnent le sang du Sud et le soleil du Sud, et que l'on admire avec raison sur les personnages des peintures de Fortuni.

Sur les sièges de devant se tiennent des hommes habillés avec une élégance quelque peu exagérée ; leur attitude est contrainte et comme endimanchée ; en d'autres termes, ils n'arrivent pas à porter leurs vêtements de bons faiseurs avec l'aisance dégagée qui caractérise les membres de la bonne compagnie française.

Mais la masse de l'arène se profile devant nous, plus distincte. L'édifice n'a rien de curieux. On sent que l'architecte n'a pas eu d'autre préoccupation que de mettre des murs autour d'une piste et d'un amphithéâtre pouvant contenir plusieurs dizaines de milliers de personnes.

Plus intéressant est le mouvement autour de ces murs. Le sol y est noir de voitures et de têtes. Émergeant çà et là, de la masse sombre, un cavalier, un agent de police, un picador aussi brillant qu'un coquelicot épanoui.

La foule se balance, s'ouvre, se ferme, parle à voix haute ; les cochers crient ; des enfants vendent des programmes en poussant des clameurs ; ils se faufilent partout, entre les piétons et les cavaliers ; on les voit sur les marchepieds des voitures et entre les roues ; les uns grimpent aux arcs-boutant de la maçonnerie du cirque ; d'autres se tiennent debout sur les bornes qui indiquent la voie aux équipages. Leurs cheveux bouclés, leurs yeux brillants, leurs traits expressifs, leurs faces bronzées, leurs chemises déchirées, ouvertes sur la poitrine, nous font songer à nos gypsies ou aux enfants des peintures de Murillo. Ils distribuent des programmes et des sifflets. Plus loin, noyés dans la masse populaire, sont des vendeurs de fruits, des marchands d'eau fraîche, leur fontaine de bronze sur les épaules ; puis ce sont des éventaires de fleurs ; accroupie, une vieille femme aveugle joue de la guitare, une fillette, sa conductrice, folâtrant auprès d'elle.

Mouvements, rumeurs, rires ; les éventails s'agitent de toutes parts comme les ailes de milliers d'oiseaux ; le soleil régnant dans un ciel immaculé verse par torrents la lumière.

Soudain, des cris partent de tous les côtés :
« Mira ! mira ! mira ! » (Regardez ! Regardez !)
Puis ces cris se transforment en une sorte d'accla-
mation qui court comme un tonnerre d'un bout à
l'autre de la foule ; il se calme, s'élève à nouveau
et fait tout le tour extérieur de l'arène.

Qu'est-il donc arrivé ? Certainement ce sont la
Régente et sa cour qui s'approchent. Non. Les
cris se précisent, à présent : « Eviva Frascuelo ! »
C'est l'espada la plus célèbre, arrivant pour re-
cueillir applaudissements et lauriers.

Tous les yeux se tournent vers elle ; toutes les
femmes se poussent vers sa voiture. L'air s'obs-
curcit autour du toréador de toutes les fleurs qu'on
lui jette ; il est le favori, le héros de toutes les ima-
ginations et de tous les rêves ; c'est la « perle de
l'Espagne ». Le pays est, en ce moment, tout
bouillant d'enthousiasme pour lui : Frascuelo revient d'une course à Barcelone, où il a étonné l'Europe des prodiges de son épée ; il rentre en sa Madrid qu'il aime, plus glorieux, plus grand — le
nouveau Cid Campeador !

Traversons la foule et approchons-nous du
triomphateur. Quel équipage ! Et quels chevaux !
Il n'en est pas de plus beaux dans toute la Castille.
Les sièges sont en satin blanc ; un homme y est
assis, ou plutôt couché : un homme d'un âge difficile à déterminer, car son visage est très soigneusement rasé. Il porte une veste de satin violet pâle,
couverte de broderies splendides dont l'or et l'argent reluisent comme des diamants au soleil. Les

dentelles les plus délicates ornent sa poitrine. Ses jambes, enveloppées d'une culotte de soie rose, sont négligemment croisées sur la banquette de devant ; les muscles des mollets saillent sous le bas de soie ; des muscles que pourraient envier les plus puissants athlètes de l'hippodrome de Paris.

Madrid est fière de ces muscles, et, en vérité, elle a raison.

Le grand homme s'appuie d'une main sur la garde de son épée catalane, et de l'autre il salue aimablement ses admirateurs des deux sexes. Ses cheveux noirs, bien lissés sur sa tête, sont ramenés en arrière et se terminent par une courte tresse. Cette coiffure particulière et cette face entièrement rasée donnent à l'ensemble quelque chose de féminin et de théâtral ; le visage ne se distingue pas par l'intelligence : l'intelligence ne serait pas un obstacle à la carrière du toréador, mais elle ne lui est pas non plus indispensable.

La foule pénètre dans le cirque, et nous y pénétrons avec elle. Il ne diffère des autres cirques que par la taille, et aussi parce que les gradins sont de pierre. Les loges sont à la partie supérieure ; l'une d'elles est tendue de velours rouge à franges d'or, c'est la loge royale. Si aucun personnage de la cour n'y prend place, c'est le préfet de la ville qui l'occupe. Tout autour s'assoient les membres de l'aristocratie et les personnages officiels ; face à la loge royale, de l'autre côté de l'arène, se tient l'orchestre. Au-dessous des loges règne un rang de fauteuils, puis ce sont les gradins de pierre. Tout

autour de la piste court une barrière de bois de la
hauteur d'une épaule d'homme, et entre cette barrière et le premier rang de places, considérablement élevé pour la sauvegarde des spectateurs,
s'étend un couloir circulaire où les toréadors trou-
veront un refuge lorsque le taureau les poursuivra
de trop près.

Une moitié du cirque est dans l'ombre; l'autre
est sous un déluge de soleil. Sur chacun des tickets
qui donnent accès dans l'arène, les mots « sombra »
(ombre), ou « sol » (soleil), sont imprimés à côté
du numéro de la place. Les billets marqués « sombra » coûtent beaucoup plus cher que les autres.
Il est difficile d'imaginer comment les spectateurs
du côté « sol » peuvent endurer, pendant de longues heures, l'atmosphère de feu où ils respirent,
assis qu'ils sont sur des pierres brûlantes et un
flamboiement mortel sur la tête. Les places sont
toutes occupées, cependant. Il est clair que l'amour
d'un spectacle sanglant dépasse chez le peuple espagnol la crainte d'être rôti vif.

Dans les contrées du Nord, le contraste entre la
lumière et l'ombre n'est jamais aussi saisissant
qu'en Espagne; on y voit toujours une sorte de
clair-obscur, de demi-rayonnement, de transition
de tons; ici, la limite est nette, tranchée, brutale.
Dans l'espace illuminé, le sable paraît brûler, les
yeux souffrent d'une réverbération aiguë; c'est un
abîme de clartés violentes où tout reluit et rutile,
où les couleurs décuplent d'intensité. Dans l'ombre, tout paraît avoir été disposé derrière une gaze

transparente, noyé dans un crépuscule précurseur de la nuit. Chaque être passant de l'ombre à la lumière produit l'effet d'un flambeau qui s'allumerait subitement.

Au moment où nous entrons, la piste est pleine de monde. Chacun des habitants de Madrid — hommes ou femmes — veut « essayer » le sable où se jouera tantôt le drame sanglant. Il leur semble ainsi qu'ils prendront une part active à la lutte. Des groupes nombreux se forment, allumant des cigarettes et discutant avec vivacité les mérites des bêtes de tel troupeau ou de tel autre. Des enfants crient et se poursuivent. J'en vois un qui agite devant les yeux d'un de ses camarades un lambeau de drap rouge, le traitant exactement comme le capeador traitera tout à l'heure le taureau. L'autre endure d'abord patiemment ; puis il roule des yeux furieux et fond sur son adversaire. Celui-ci l'évite adroitement en simulant des passes de cape. Les deux gamins trouvent des spectateurs qui les excitent et les applaudissent.

Le long de la barrière se promènent des vendeurs d'oranges proclamant les mérites de leur marchandise. Ils jettent les fruits par dessus les ombrelles et les têtes, avec une surprenante dextérité, jusqu'aux gradins les plus élevés du cirque ; les pièces de cuivre leur parviennent par la même voie ; ils les saisissent au vol sans jamais les laisser tomber à terre. Les dialogues à voix haute, les rires, les appels, les bruits, le froissement des éventails, le mouvement des arrivants, composent un ensemble si plein de vie qu'aucun autre spectacle ne pourrait en donner l'idée.

Des sons de trompettes et de tambours partent tout à coup de l'orchestre. A ce signal, les gens assemblés dans l'arène s'envolent vers leurs places avec autant de hâte que si un péril immédiat menaçait leur vie. Il y a comme un écrasement et comme une panique. Puis tout est assis, tout est noir ; les spectateurs sont épaule à épaule. La piste est restée vide, inondée de soleil.

Face à la loge royale, une grille s'ouvre dans la barrière, et deux « alguazils » font leur entrée. Leurs chevaux blancs, crinière et queue tressées, sont aussi beaux que s'ils descendaient de tableaux de maîtres. Les cavaliers eux-mêmes, coiffés de velours noir à plumes blanches, habillés de velours noir, portant de magnifiques cols de dentelles, rappellent les incomparables personnages de Velasquez, qu'on admire au musée du Prado. Il nous semble, en les voyant, être revenu aux temps depuis longtemps évanouis de l'ancienne chevalerie. Les deux hommes sont beaux et de formes élégantes. Ils chevauchent étrier contre étrier, et font lentement le tour de l'arène, comme s'ils voulaient s'assurer qu'aucun spectateur imprudent n'y est demeuré. Ils s'arrêtent enfin devant la loge royale et se découvrent respectueusement, d'un mouvement plein de grâce.

Ceux qui assistent pour la première fois aux courses de taureaux en Espagne sont invariablement séduits par ce cérémonial du moyen-âge, par cet appareil et par la dignité des cavaliers. Les alguazils ont l'air de deux nobles hérauts rendant hommage à leur souveraine au début d'un tournoi.

C'est la permission d'ouvrir le spectacle qu'en effet ils sollicitent, en même temps qu'ils demandent la clef du toril où sont enfermés les animaux de combat. Au bout de quelques secondes, cette clef est jetée de la loge royale, attachée à une chaînette d'or ; les cavaliers saluent de nouveau et s'éloignent. Tout ceci n'est évidemment qu'une formalité, qu'une cérémonie, et le spectacle était antérieurement autorisé ; les écuries ne sont même fermées qu'à l'aide de simples loquets de fer. Mais la cérémonie est belle, et on ne l'omet jamais.

En quelques secondes, les alguazils ont disparu; la grille s'ouvre encore, et toute une compagnie apparaît. Les deux cavaliers que nous venons de voir tiennent la tête ; derrière eux s'avance un rang de capeadors, puis ce sont les « banderilleros », et le cortège est clos par les picadors. La troupe entière brille de toutes les couleurs de l'arc-en-ciel, reluit de paillettes, d'or, d'argent, de satins et de soies. Elle traverse la partie éclairée de la piste, chatoyant sous le soleil comme un parterre de fleurs. L'œil ne peut se rassasier de ce spectacle véritablement merveilleux.

Ayant atteint le centre de l'arène, la compagnie se disperse tout à coup comme un vol d'abeilles. Les picadors se disposent autour de la barrière et brandissent fièrement leurs lances ; les hommes à pied forment des groupes pittoresques, ils ont pris des postures à la fois indifférentes et théâtrales; ils attendent le taureau.

C'est probablement le plus bel instant du spectacle; plein d'originalité, si véritablement espagnol qu'on regrette de ne pas être peintre pour en saisir un croquis rapide. Que de couleurs, sous la lumière cruelle du soleil, pour séduire l'œil d'un artiste !

Bientôt, le sang coulera sur ce sable. Mais à présent, tout est immobile et silencieux dans le cirque; on entendrait presque les battements des éventails, que des mains impatientes agitent machinalement. Tous les regards se tendent vers la porte d'où le taureau s'élancera. Le temps se compte par secondes.

Tout-à-coup, un sifflet aigu, en même temps qu'un coup de trompette long et lugubre, partent de l'orchestre; la barrière s'ouvre avec fracas et le taureau bondit dans l'arène comme la foudre.

C'est un noble animal, le cou splendide et puissant, la tête relativement courte, les cornes énormes et pointées en avant. Nos pauvres bestiaux ne donnent qu'une bien faible idée de cette bête magnifique; car, bien que le taureau d'Espagne n'égale pas le nôtre en volume, il le dépasse en force, et surtout en activité. On reconnaît, du premier coup d'œil, une bête élevée à l'état sauvage et sur de grands espaces; elle est habituée à de longues courses et se meut presqu'aussi facilement qu'un daim. Et c'est ce qui rend dangereux au suprême degré le taureau d'Espagne. Ses jambes de devant sont un peu plus hautes que les autres, comme il arrive de presque tous les animaux originaires des montagnes. En effet, les taureaux de courses sont presque tous recrutés des « ganaderias » de la Sierra Morena. Leur couleur est le plus souvent noire, rarement rousse ou pie. Le poil est court, aussi luisant que du satin ; le cou seul est couvert d'une crinière un peu plus longue et bouclée.

Après s'être élancé violemment dans l'arène, le taureau s'arrête au centre, et regarde à droite et à gauche de ses yeux sanglants. Mais, le tout ne dure pas plus de deux secondes ; il a vu un groupe de capéadors ; l'animal baisse la tête et fond sur eux comme un ouragan. Les capeadors se dispersent, et, tenant derrière eux le manteau rouge, ils se distribuent sur l'arène avec une incroyable légèreté ; ils sont partout ; ils reluisent partout ; à droite, à gauche, au milieu de la piste, près de la barrière, devant les yeux du taureau, derrière lui. Les capes flottent en l'air comme autant de bannières agitées par le vent.

Le taureau poursuit les capeadors dans toutes les directions ; ses mouvements sont rapides comme l'éclair ; il en chasse un, mais un autre lui met le manteau rouge devant les yeux ; la bête abandonne sa première victime pour courir après la seconde, mais avant qu'elle ait pu l'atteindre, un troisième toreador s'est interposé. Le taureau se jette sur celui-là. La distance entre eux décroît les cornes de l'animal vont toucher l'épaule du capeador ; encore une seconde et le malheureux sera cloué à la barrière. Mais l'homme a touché le haut des planches de sa main libre ; il s'enlève avec aisance et disparaît comme s'il avait été bu par la terre.

Qu'est-il arrivé ? Le capeador a simplement sauté dans le couloir qui sépare l'arène du premier rang de sièges.

Le taureau choisit un autre adversaire ; mais avant qu'il ait pu s'élancer, le premier capeador a déjà franchi la barrière et, avec l'agilité d'un Indien sautant la haie d'une ferme, il a reparu dans l'arène. L'animal poursuit avec acharnement ses insaisissables ennemis, qui ne disparaissent qu'au moment d'être atteints par ses cornes. Il comprend enfin où les capeadors se cachent. Il rassemble toutes ses forces ; la fureur lui donne l'élan, et il bondit comme un cheval de chasse par dessus la barrière, certain cette fois, de fouler aux pieds ses persécuteurs.

Mais, au même instant, ceux-ci sont rentrés dans l'arène avec la prestesse de chimpanzés, et le taureau prend sa course par tout le couloir sans rien découvrir devant lui.

Le premier rang des spectateurs se penche ; à coups de cannes, à coups d'ombrelles, à coups d'éventails on frappe la bête puissante. Le public s'excite ; un taureau qui franchit aussi aisément la balustrade est certainement une brave bête. On applaudit ; les gradins supérieurs claquent des mains et crient : « Bravo toro ! Muy buen ! Bravo toro ! (Bravo taureau ! Très bien ! Bravo taureau !)

Mais on a ouvert une porte dans la barrière, et voici de nouveau l'animal dans l'arène. Devant lui, à l'opposé de la piste, deux capeadors se sont assis sur une marche de bois accotée aux planches, et causent sans donner le plus léger signe d'anxiété. Le taureau s'élance vers eux... le voici au centre... les deux hommes causent... il a fait dix pas encore... les deux hommes causent et ne paraissent même pas le voir... la bête a fait cinq pas de plus... ils causent toujours. Des cris d'alarme s'entendent çà et là dans le cirque ; devant les cornes acérées, les deux hardis compagnons sautent, l'un à droite et l'autre à gauche. Les cornes frappent la barrière d'un choc sourd. Un tonnerre d'applaudissements éclate, et le demeurant des capeadors reparaît pour continuer son jeu.

La folie du taureau devient de la furie ; il s'élance, se précipite, revient sur ses traces ; à chaque seconde ses cornes frappent ; à chaque seconde, il semble que rien ne puisse arracher cet homme ou cet autre à la mort. Mais, les cornes n'atteignent que l'air ; les capes rouges continuent à flotter en tous sens ; parfois l'une d'entre elles tombe sur le sol ; le taureau la piétine avec fureur et la fait presque disparaître dans le sable. Mais ce n'est plus assez ; il lui faut une victime, et il la cherche de toutes parts.

Dès lors, il court dans tous les sens, beuglant, les yeux injectés de sang... Puis il s'arrête ; un nouveau spectacle a frappé sa vue — un picador à cheval.

Jusqu'alors les picadors sont restés immobiles comme des statues sur leurs chevaux maigres, la lance en l'air. Le taureau, occupé seulement des capes détestées, ne les a pas vus, ou s'il les a vus, c'est sans y faire attention. Il n'arrive presque jamais que le taureau commence la bataille par les cavaliers. Les manteaux rouges l'absorbent tout entier et provoquent sa rage. Il se peut aussi que les picadors lui apparaissent semblables aux bergers à demi sauvages de la Sierra Morena, qu'il voyait journellement, et devant qui il était accoutumé à fuir avec tout le troupeau.

Mais à présent, il a assez des capes ; sa fureur l'incite à percer un corps vivant de ses cornes, et à trouver sa vengeance dans du sang.

Pour les spectateurs peu accoutumés, un moment terrible est venu. Chacun comprend que le massacre va commencer.

Le taureau baisse la tête et recule l'espace de quelques pas, comme pour prendre son élan ; le picador tourne légèrement son cheval pour lui faire présenter le flanc droit à l'assaillant ; de cette manière, et ses yeux étant aveuglés par un bandeau de drap, l'animal ne se dérobera pas au moment de l'attaque. La lance à pointe courte est abaissée dans la direction du taureau, qui recule encore. Il semble qu'il doive se retirer entièrement, et les poitrines respirent, moins oppressées.

Soudain l'animal furieux s'élance avec la puis-

sance d'un roc roulant du haut d'une montagne.
En un clin d'œil vous voyez la lance plier comme
un arc, sa pointe appuyée à l'épaule du taureau.
Puis, c'est simplement sinistre : la tête et le cou de
l'assaillant sont perdus sous le ventre du cheval ;
les cornes y disparaissent entièrement ; parfois la
victime et son cavalier sont soulevés ; parfois le
train de derrière du cheval seul s'enlève, les jambes
s'agitant convulsivement. Le picador tombe sur le
sol ; le cheval tombe sur lui ; on entend le craquement de la selle : homme, bête, tout ne forme plus
qu'une masse confuse que le taureau foule des sabots et perce avec acharnement de ses cornes.

Les visages des non initiés pâlissent. A Barcelone et à Madrid j'ai vu des Anglaises devenir
aussi blanches que le linge. Tout ce qui est entré
pour la première fois au cirque a l'impression
d'une catastrophe. Quand on voit le picador tomber
d'un bloc, pressé par le poids du cheval et de la
selle ; quand on voit le taureau furieux pousser ses
cornes dans la masse sanglante, il semble qu'il n'y
ait plus de salut pour l'homme, et que ses compagnons ne relèveront qu'un cadavre.

Mais c'est une illusion ; tout ceci est au programme du spectacle.

Sous le cuir et sous les paillettes le picador porte
une armure qui l'empêchera d'être écrasé ; c'est à
dessein qu'il tombe sous son cheval, qui le proté-
gera ainsi de son corps contre les cornes meurtrières.
En effet, le taureau qui voit devant lui une énorme
masse de chair y dépense toute sa rage. Laissez-

moi ajouter que la durée de la boucherie est comptée à une seconde près. Les capéadors ont attaqué le taureau de tous les côtés, et celui-ci, pour les poursuivre, doit abandonner ses victimes. Il les quitte ; il chasse de nouveau les manteaux rouges ; ses cornes aigues, maintenant couvertes de sang, menacent une fois de plus les épaules des hommes agiles. Ceux-ci, tout en s'échappant, conduisent leur ennemi à l'opposé de l'arène. D'autres retirent le picador de sous son cheval et le font passer par dessus la barrière. Le picador n'y passerait pas seul ; le poids de son armure lui permet à peine de se mouvoir.

Le cheval essaie aussi de se relever ; il y arrive parfois pour un instant, et un spectacle affreux frappe alors la vue : de son ventre percé pendent des intestins sanglants, souillés de liquides et de matières verdâtres. La pauvre bête tâche de faire quelques pas ; mais ses pieds hésitants trébuchent dans ses propres entrailles ; elle retombe, fouille le sable de ses sabots, frissonne. Cependant les serviteurs lui enlèvent rapidement bride et selle, et terminent ses souffrances d'un coup de stylet à la nuque.

Le cadavre sanglant reste sur l'arène. Les intestins sont enlevés dans un baquet. Le public trépigne et applaudit ; l'enthousiasme le saisit peu à peu : « Bravo toro ! Bravo toro ! » Les yeux flambent, le sang monte aux joues ; des chapeaux volent dans la piste en l'honneur du picador.

Pendant ce temps le taureau, qui a flairé le sang,

tue d'autres chevaux. Si ses cornes, au lieu de frapper le ventre, s'enfoncent au défaut de l'épaule, c'est un large flot de sang noir qui jaillit de la blessure ; le cheval s'enlève et tombe en arrière avec son cavalier. Un double danger menace alors l'homme : les coups du taureau, et, en dépit de son armure, la possibilité de se rompre le cou. Mais comme nous l'avons dit, le corps du cheval protège le cavalier ; en outre le picador cherche toujours à recevoir l'assaut au bord de l'arène ; de cette manière il est couvert d'une part par sa monture, et de l'autre par la barrière. Quand le taureau recule, le picador avance, mais de quelques pas seulement, de façon que le combat ne puisse jamais prendre place au centre.

Cependant toutes ces précautions ne serviraient pas à grand'chose, et le picador finirait par être massacré, si les capeadors n'étaient pas là. Ce sont eux qui pressent le taureau, qui détournent son attention, qui s'élancent avec une audace inouïe au devant de sa rage, sauvant à chaque instant la vie de quelqu'un des participants du combat.

J'ai vu un jour une « espada », en retraite devant le taureau furieux, buter dans la tête d'un cheval mort et tomber sur le dos ; la mort inévitable était au-dessus de l'homme ; les cornes menaçantes étaient près d'entrer dans sa poitrine, quand une cape rouge passa comme un éclair entre la poitrine et les cornes. Le taureau releva son mufle et poursuivit la cape. On peut affirmer que sans cette bande de clowns agitant des drapeaux écarlates

le métier de toréador deviendrait impossible, et
qu'il mourrait autant d'hommes que de chevaux à
chaque représentation.

Il arrive rarement qu'un picador puisse arrêter
le taureau de la pointe de sa lance. Cela n'arrive
que quand l'animal attaque faiblement, ou quand
le picador est doué d'une force surhumaine dans
les bras. Ordinairement le taureau tue les chevaux
comme des mouches ; il est terrible lorsque, couvert d'écume, luisant sous le soleil, le col sanglant
des coups de lance et les cornes rouges, il court autour de l'arène comme ivre de sa victoire. Un beuglement profond sort de ses puissants poumons ;
il disperse les capeadors ; puis il s'arrête tout-à-
coup devant le cadavre d'un cheval ; il l'attaque
avec une frénésie nouvelle, l'enlève sur ses cornes,
le porte autour de la piste, éclaboussant de sang les
spectateurs des premiers gradins, puis le rejette
sur le sable et le perce encore de coups furieux. Il
croit, évidemment, que le spectacle est terminé ;
qu'il s'est terminé par son triomphe.

Mais le spectacle est à peine à la moitié de son
cours. Les picadors dont les chevaux ont échappé
au massacre s'éloignent, il est vrai, de l'arène,
mais ils y sont immédiatement remplacés par les
banderilleros, qui entrent en criant et en sautant.
Chacun d'eux brandit deux dards d'une aune de
longueur, ornés, en harmonie avec le costume de
l'homme, de rubans bleus, verts ou rouges, et ter-
minés par une pointe barbelée qui ne pourra plus
sortir de la peau du taureau quand elle y aura pé-

nétré. Ces hommes entourent l'animal, courent en
cercle autour de lui, agitent leurs banderilles,
visent le col, menacent et se démènent.

Le taureau roule des yeux sanglants, tourne sa
tête massive à droite et à gauche, cherchant à deviner quelle nouvelle espèce d'ennemis lui arrive.
« Vous n'avez pas eu assez de sang, semble-t-il
penser ; vous en voulez encore ; vous en aurez. »
Et, choisissant sa victime, il s'élance.

Mais qu'arrive-t-il ? Le premier banderillo, au
lieu de fuir devant la bête, vient à sa rencontre ; il
court près de la tête comme s'il voulait l'éviter,
mais au même instant quelque chose semble suspendu dans l'air comme un arc-en-ciel ; l'homme
s'échappe les mains vides, de toute la force de ses
jambes, et deux dards colorés restent plantés dans
le col du taureau.

Puis deux autres banderilles s'enfoncent dans sa
chair frissonnante, puis deux encore : six ensemble,
peintes de trois couleurs. Le cou de la bête apparaît maintenant comme orné d'un bouquet de fleurs,
mais ces fleurs ont les plus terribles épines que jamais
fleurs de la terre aient portées. A chaque mouvement du taureau, à chaque tour de sa tête les jave-
lines enrubannées s'enlèvent, s'agitent, passant
d'un côté à l'autre du col ; à chaque effort la pointe
s'enfonce davantage dans la blessure. L'animal
éprouve des douleurs cuisantes qui l'affolent, mais
plus il secoue les banderilles et plus sa souffrance
grandit. Le taureau a jusqu'alors attaqué, c'est
maintenant lui qu'on attaque, et terriblement. Il

voudrait s'affranchir de ces dards qui le torturent ; il ne mugit plus, mais pendant les courts instants de silence qui se produisent entre les cris sauvages, les applaudissements, la clameur du public, on entend sortir de sa poitrine des gémissements quasi-humains. Les yeux tout à l'heure furieux ont pris une expression désespérée, et la langue pend péniblement.

Le taureau doit s'estimer heureux, cependant, de n'avoir affaire qu'à cette sorte de banderilles. Si — ce qui d'ailleurs arrive rarement — la bête refuse d'attaquer les chevaux et n'en tue aucun, le public enragé se lève, et une sorte de révolution se produit dans le cirque. Les hommes tournent leurs cannes, les femmes leurs ombrelles et leurs éventails vers la loge royale ; la voix sauvage et rauque des cavaliers, la voix aiguë des senoras ne crient qu'un mot « Fuego ! Fuego ! » (Le feu ! Le feu !)

Les représentants du gouvernement font attendre assez longtemps leur assentiment. Les cris deviennent menaçants ; toutes les poitrines les poussent ; la rumeur devient si violente qu'il semble que les spectateurs vont passer de la prière à la révolte et aux actes irréparables. Une demi-heure passe : « Fuego ! Fuego ! » Plus rien à faire ; le signal est donné ; l'infortuné taureau reçoit dans le col une paire de banderilles qui s'enflamment à l'instant même. La pointe barbelée fait son chemin dans la blessure ; la tête de la bête s'entoure de fumée et d'un jaillissement d'étincelles ; de petites agglomérations de poudre écla-

tent et brûlent sous sa peau même ; l'odeur de la
chair et du poil grillés emplit l'arène.

La cruauté ne peut être poussée plus loin, en
vérité ; mais les délices du public sont maintenant
à leur zénith. Les yeux des femmes sont couverts
d'un brouillard causé par l'excitement ; chaque
poitrine palpite de plaisir ; les têtes se renversent ;
les dents blanches luisent entre les lèvres entr'ouvertes. On dirait que les tourments de la bête retentissent dans les nerfs délicats en ondes de plaisir
délirant. Il n'y a qu'en Espagne qu'on puisse voir
ces choses. La frénésie féminine présente quelques symptômes hystériques ; elle fait songer à
certains mystères phéniciens, dont les autels d'un
culte spécial étaient le théâtre.

L'audace et l'adresse des banderilleros dépassent
d'ailleurs toute imagination.

J'ai vu l'un d'eux s'asseoir sur une chaise au
milieu de l'arène, et croiser négligemment devant
lui ses jambes en bas roses. Il tenait au-dessus de
sa tête une banderille et attendait le taureau.
Celui-ci l'attaqua violemment. Un instant après la
banderille était plantée dans sa chair, et il démo-
lissait la chaise à coups de tête. Comment l'homme
avait-il fait pour passer entre son siège et les
cornes, je ne le saurai jamais, c'est le secret de
sa dextérité. Un autre banderillero, à la même
représentation, ramassa la lance d'un picador au
moment où le taureau l'attaquait furieusement. Il
la planta en terre et franchit d'un bond toute la
longueur de l'animal. Le taureau stupéfié cher-

chait par où son ennemi avait bien pu disparaître.
Cependant l'homme, en l'air, lui avait enfoncé
une banderille dans le cou.

On voit à chaque course de semblables miracles
d'adresse et de témérité.

Un taureau ne reçoit jamais plus de trois paires
de banderilles. Quand elles ont été plantées, l'orchestre donne une note de trompette triste et pro-
longée ; le moment tragique et excitant du spectacle approche. Tout ce qui s'est passé auparavant
n'était en quelque sorte qu'une préparation. Le
quatrième acte du drame va se jouer.

Le « matador » lui-même paraît sur l'arène :
l'espada. Il est vêtu comme les autres, mais plus
richement. Sa veste est tout or et tout paillettes ;
des dentelles de prix ornent sa poitrine. On peut
encore le distinguer à ceci qu'il est toujours tête
nue. Ses cheveux noirs sont soigneusement lissés
et se terminent par une petite tresse. Sa main
gauche tient une sorte de fanion de drap rouge, et
sa main droite une longue épée de Tolède. Les
capeadors l'entourent comme des soldats entourent
leur chef, prêts toujours à intervenir au moment
du péril, et lui s'approche du taureau, froid, digne,
mais terrible et triomphant.

Les cœurs battent violemment dans toutes les
poitrines ; le silence s'établit.

A Barcelone et à Madrid j'ai vu les quatre plus
éminentes « espadas » d'Espagne, et j'admets qu'à
part leur sang-froid, leur adresse et leur entraî-
nement, elles possèdent un certain pouvoir hypno-

tique qui agit sur l'animal et l'emplit d'une alarme mystérieuse. Le taureau se conduit autrement devant le matador que devant les précédents acteurs du drame. Ce n'est pas qu'il recule, au contraire, il l'attaque peut-être avec plus d'opiniâtreté encore. Mais, dans les luttes précédentes, on sentait chez l'animal, en même temps que sa furie, le plaisir de chasser, de disperser, de tuer; le taureau semblait convaincu que la fête entière était donnée pour lui; qu'on n'attendait qu'une chose : le voir verser du sang. Maintenant, au spectacle de cet homme glacial, l'épée à la main, il se convainc que la mort est devant lui, qu'il va périr, que l'acte irréparable s'accomplira bientôt, sur ce sol rougi.

L'état mental de la bête est évident pour tout le monde. Et c'est peut-être de cette impression lugubre que naît pour les Espagnols le charme du spectacle. L'organisme puissant, bouillant d'une surabondance de vitalité, de désir, de force, ne veut pas mourir; il ne consentira pour rien au monde à disparaître. Et la mort inévitable, irrésistible, approche; dès lors, c'est une indicible tristesse, un incommensurable désespoir qui s'emparent du taureau et augmentent à chaque seconde. Il ne voit plus les capeadors, qu'il poursuivait tout à l'heure avec tant de rage; il attaque le matador seul, mais il l'attaque comme s'il se sentait déjà perdu.

L'espada ne le tue cependant pas d'abord, car c'est défendu par les lois tauromachiques. Elle trompe

le taureau par des mouvements du fanion, échappe
aux cornes menaçantes par des voltes légères, attend le moment favorable, recule, avance. Le toréador cherche évidemment à augmenter l'angoisse
de l'assistance ; il va frapper !... mais non, l'épée
s'abaisse et le fanion s'élève. Il va frapper !...

La lutte couvre toute l'arène ; elle luit sous le
soleil, elle s'assombrit dans l'ombre. Les applaudissements se font entendre dans le cirque ; les
acclamations retentissent, tantôt générales, tantôt
isolées, partant de la poitrine d'une femme inca-
pable de réprimer l'expression de son enthousiasme.
A certains moments, les bravos éclatent en tonnerre ; à d'autres, si le toréador a maladroitement
reculé ou a donné un faux coup, les sifflets déchi-
rent les oreilles.

Le taureau a maintenant donné une dizaine de
coups de cornes — toujours dans le fanion — le
public est satisfait ; çà et là des voix crient :
« Mata el toro ! Mata el toro ! » (Tuez le taureau !
Tuez le taureau !)

Alors un éclair luit si soudainement que l'œil
ne peut le suivre ; les groupes de combattants se
dispersent et dans le col de la bête, au-dessus des
banderilles colorées, passe la poignée rouge de
l'épée. La lame s'est enfoncée jusqu'aux deux
tiers de sa longueur, et, perçant les chairs, a atteint les poumons.

L'espada est sans défense ; le taureau l'attaque
encore, mais quelques voltes du fanion rouge le
trompent, et le matador l'évite facilement.

Il semble cependant que le public soit subitement devenu sauvage. Ce ne sont plus des cris, qu'on entend, mais quelque chose qui tient du beuglement et du hurlement. Tout le monde est debout. Les bouquets, les paquets de cigares, les chapeaux, les éventails volent dans l'arène. Le combat approche de sa fin.

Un voile couvre les yeux du taureau ; de sa bouche pendent des stalactites de salive sanglante ; son gémissement devient rauque ; la nuit enveloppe sa cervelle de brute. La lumière et la chaleur du soleil lui deviennent insensibles. Il attaque encore, mais comme dans un songe. Enfin, l'animal vaincu rassemble ce qui lui reste de conscience ; il s'accule à la barrière, titube un instant, s'agenouille, verse du train de derrière et commence à mourir.

Le matador ne le regarde pas plus longtemps ; il a les yeux tournés vers l'assistance, d'où continuent à tomber des chapeaux et des cigares, drus comme grêle ; il salue ; les capéadors rendent aux spectateurs leurs coiffures.

Cependant, un homme mystérieux, habillé de noir, a sauté la barrière et planté un stylet dans la nuque du taureau. C'est le coup de grâce ; la tête de l'animal s'allonge sur le sable, et ses yeux s'éteignent définitivement.

Tous les acteurs du drame s'éloignent. Pendant un instant l'arène reste vide ; on n'y voit plus que le cadavre du taureau et les carcasses éviscérées de quatre ou cinq chevaux, raides et froides.

Mais au bout d'un certain temps, entrent des hommes et des mules splendidement harnachées de jaune et de rouge ; les hommes attèlent les mules aux cadavres et les lancent au grand galop autour de l'arène, de manière que les spectateurs puissent s'éjouir une fois encore du spectacle de la boucherie passée. Puis, au grand galop également, tout disparaît par la porte du toril.

N'imaginez pas, cependant, que le spectacle se termine ainsi, par la mort d'un seul taureau. Après celui-ci en viendra un second, puis un troisième, et ainsi de suite. A Madrid, six bêtes périssent à chaque course. A Barcelone, les jours de fête, on en tue huit.

N'imaginez pas, non plus, que le public se lasse de la monotonie du combat. En premier lieu, ce combat est varié par des épisodes personnels dûs au tempérament du taureau, au plus ou moins de rage qu'il montre, au plus ou moins d'adresse des hommes dans leur travail ; en second lieu, le public espagnol ne se fatigue jamais du spectacle du sang et de la mort.

Les toréadors périssent rarement, tant est grande leur adresse, mais si cela arrive la « corrida » est considérée comme d'autant plus splendide, et le taureau reçoit autant d'applaudissements que sa victime. Cependant, comme une course se passe rarement sans qu'il arrive quelqu'accident à un homme, un docteur est toujours présent, ainsi qu'un prêtre muni de tout ce qu'il faut pour conférer s'il y a lieu les derniers sacrements. Celui-ci ne se tient naturellement pas dans l'assistance ; il attend dans une chambre spéciale où les blessés lui sont apportés.

Que les combats de taureaux, sous l'influence du temps, soient abandonnés en Espagne, c'est ce qu'on pronostiquerait difficilement. L'amour de ces combats est profondément enfoncé au cœur du peuple espagnol. Les rangs les plus intelligents et les plus élevés de la population s'y rendent avec autant d'empressement que les autres. Les partisans de la tauromachie n'y voient qu'une chasse hasardeuse, répondant au caractère chevaleresque de la nation. Mais la chasse est un amusement, non une profession ; en chasse, il n'y a pas de public, mais seulement des acteurs ; on n'y voit jamais des groupes de femmes défaillant de plaisir au spectacle de la souffrance et de la mort. A la chasse, personne n'expose sa vie pour de l'argent.

Quand on me demandera si le spectacle est beau, je répondrai : oui ; beau surtout par ce qui l'environne, ce soleil, ces ombres, ces milliers d'éventails s'agitant comme si un essaim de papillons s'était dispersé dans le cirque, ces yeux, ces lèvres rouges et humides ; beau par l'incroyable diversité des tons chauds et forts ; beau par les couleurs, par l'or, par les paillettes, par le sol flambant, par la chaleur ; beau par les preuves de téméraire audace qu'on y rencontre à chaque seconde, par la terreur mystérieuse qui plane sur le jeu tout entier. Tout cela est infiniment plus séduisant que les fleuves de sang et les flots d'entrailles.

Celui, cependant, qui ne connaît que la description des corridas espagnoles, et qui les voit ensuite de ses propres yeux, ne peut que penser : « Quel peuple étonnant que celui qui cherche sa joie dans le spectacle de ce qu'il y a de plus absolu, de plus terrible et de plus inévitable : la mort ? »

D'où lui vient cet amour ? Est-ce simplement une réminiscence des cruautés du Moyen-Age ! Est-ce l'impulsion qu'élève en certaines âmes la vue d'un précipice, par exemple, et qui les incite à se tenir tout au bord, en danger du mystère et du gouffre. Nous savons que cette passion est irrésistible chez certaines âmes.

En ce qui concerne les Espagnols, on peut affirmer qu'au cours de toute leur histoire ils ont montré une tendance très nette vers les extrêmes. Peu de peuples ont fait preuve de moins de pitié en guerre ; peu de peuples ont transformé une religion d'amour en une adoration aussi sombre et aussi sanglante. Enfin, nous ne connaissons aucune autre nation pour chercher ainsi son plaisir dans le spectacle de la souffrance et de la mort.

HENRYK SIENKIEWICZ

TABLE DES MATIÈRES

Imp. du *Petit Troyen* G. Arbouin, 126, rue Thiers, Troyes

CHANSONS ET MONOLOGUES

POUR ENFANTS

Paroles de E. BLONDEAU. — Musique de L. LANFANT

Quatre séries sont parues, comprenant chacune 8 morceaux à dire ou chanter. — Chaque série contient 20 dessins à la plume, de Kossbühl.

Tirage de luxe en deux couleurs

Chez les Libraires..... 0 fr. 30
Franco-poste........... 0 fr. 40

TITRES DE QUELQUES CHANSONS :

Lettre à Maman
Messieurs les pinsons — La petite Ménagère
Dors, petit frère ! — Le Nid
Si j'avais 5 francs — Petit Conscrit, etc.

TITRES DE QUELQUES MONOLOGUES :

La Moqueuse — Le Porte-Plume
Le Cheval — La Mouche — Pain sec
La Pendule, etc.

Dans toute la France, les commandes de 5 francs et au-dessus sont expédiées FRANCO EN GARE, *contre mandat-poste adressé à* M. A.-L. GUYOT, *éditeur,* 1*, rue Paul-Lelong, Paris.*

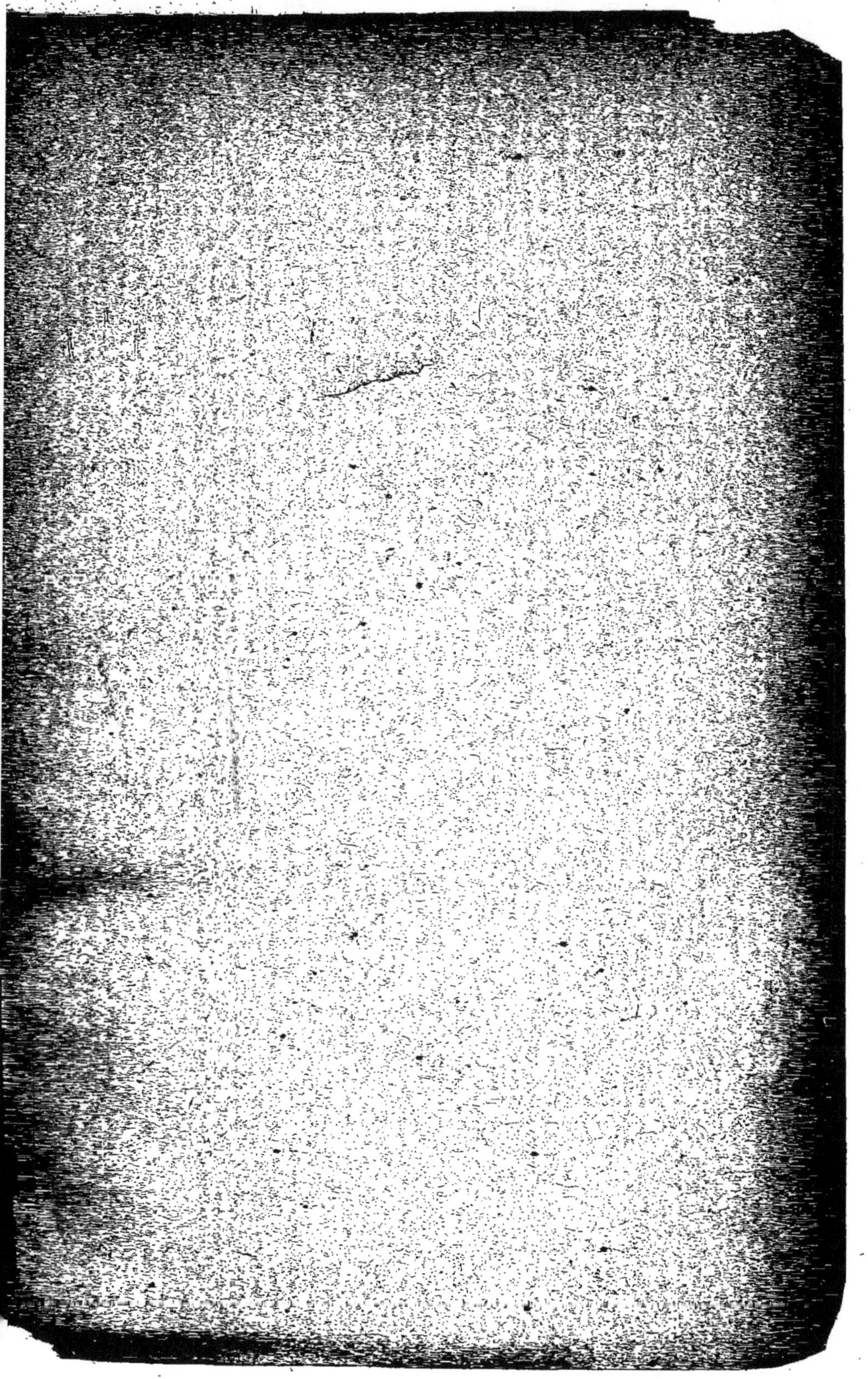

Les plus intéressants Romans
d'Aventures, Chasses et Voyages, paraissent dans
COLLECTION A.-L. GUYOT
Ils peuvent être mis dans toutes les mains.

www.ingramcontent.com/pod-product-compliance
Ingram Content Group UK Ltd.
Pitfield, Milton Keynes, MK11 3LW, UK
UKHW021528090726
13657UKWH00001B/473